秘密花园 爱的礼物

好妈妈陪女儿走过青春期

李贝林◎编著

南海出版公司

2019 · 海口

图书在版编目（CIP）数据

好妈妈陪女儿走过青春期 / 李贝林编著. -- 海口 : 南海出版公司, 2019.8

ISBN 978-7-5442-9548-2

Ⅰ. ①好… Ⅱ. ①李… Ⅲ. ①女性－青春期－健康教育－家庭教育 Ⅳ. ①G479 ②G782

中国版本图书馆 CIP 数据核字 (2019) 第 033668 号

HAO MAMA PEI NÜER ZOU GUO QINGCHUNQI

好妈妈陪女儿走过青春期

编　　著：李贝林
策　　划：王雷防
责任编辑：余　靖
出版发行：南海出版公司
电　　话：（0898）66568511（出版）（0898）65350227（发行）
社　　址：海南省海口市海秀中路 51 号星华大厦五楼　**邮编：**570206
电子邮箱：nhpublishing@163.com
经　　销：新华书店
印　　刷：三河市恒彩印务有限公司
开　　本：710 毫米 ×1000 毫米　1/16
印　　张：16
字　　数：227 千字
版　　次：2019 年 8 月第 1 版　2019 年 8 月第 1 次印刷
书　　号：ISBN 978-7-5442-9548-2
定　　价：35.00 元

前言 Preface

“哎呀，妈妈，我这是怎么啦？”很多女孩子到了青春期，看到自己身上这样那样的变化，就会不由得发出惊叫，尽管之前被妈妈打过“预防针”，但当这一切真的出现时，她们心里还是会有一点点的害怕。

女孩儿到了青春期，不论是身体上、思想上还是情绪上，都会发生很多微妙的变化，有些她们自己并没有意识到，但细心的妈妈却一一看在眼里。这些小秘密在她们悄悄把日记本上锁的那天就开始了。她们不再是妈妈身后的跟屁虫，也不那么大大咧咧的了，一回到家就会直接进自己房间里，享受属于自己的独立空间。我们时而会听到屋子里响起略带忧伤的蓝调音乐，时而会看到她们站在窗前，迷茫地看着远方。是啊，每个女孩儿的青春都是一首诗，她们渴望在这个特殊的阶段拥有属于自己的个性，活出与众不同的自己。她们热情、叛逆、青涩、率真，时而又会深陷烦恼。不知道从哪天起，她们会爱上黑色和白色，衣着朴素，言辞老成。她们可不愿意让别人把她们看成小孩子。可是，当妈妈说“你现在是大孩子了”时，她会皱起眉头反抗。所有的这些，让我们做母亲的产生种种疑惑，心里不断地问：“天啊，我的女儿现在到底在想什么？”

这就是青春期女孩儿。是的，只要我们回想一下自己曾度过的岁月，就会释然一笑。女儿现在的模样，是否和自己当年有不少相似之处呢？都说女儿是妈妈的贴心小棉袄，可还有一个秘密女儿也许不知道，那就是妈妈是女儿的军师，是坚强无比的后勤部长。每当女儿不知道怎么办的时候，脑袋里浮现出来的第一个求助对象，可能就是妈妈。好妈妈是女儿最值得信赖的良师益友。

总之，每个青春期的女孩儿，最不能缺的就是妈妈的陪伴，而这时候的妈妈，在女儿眼中是最能帮她解决问题的人。所以，在女儿的这个特殊阶段，作为妈妈，一定要掌握相关知识及智慧，陪伴好这位“青春朋友”，我们不但要巧妙地引导她走对人生方向，还要让她真切地享受到这段美好的时光。这就需要一个恰当的距离，恰当的火候。所以，如果想和女儿一起度过一个快乐幸福的青春期，妈妈们是有很多功课要做的。

本书结合女孩儿青春期的特点，通过不同的角度和层面，为家有青春期女儿的家长们指点迷津，把这些方法变成一个个有趣的小故事，娓娓道来，希望能够以此帮助更多的妈妈找到和女儿和谐相处的智慧策略，与女儿共度这段美好而幸福的时光。

目录
Contents

第三章　告诉我，是什么坏情绪纠缠了你

第四章　让我听听，你的烦恼有多少

第五章　别这么敌对，你知道父母有多爱你吗

第九章　女孩儿外出，有些事一定要知道

第十章　有个性并不意味着愤世嫉俗

第十一章　静下心来与女儿谈理想

第十五章　入得厅堂，下得厨房

第一章 不要怕，这些迹象说明你长大了

“哎呀，妈妈，我这是怎么了？”家有青春期姑娘的妈妈们，一定很熟悉女儿突然有一天这样的惊叫。当小女孩慢慢出落成一个大姑娘，乳房鼓起，月经来潮，小痘痘慢慢爬上了脸颊……这一系列的变化都让她们觉得既新奇又惊慌。这时候，她们首先想到的求助者一定是在家中同为女性的妈妈，而我们也确实应该给予她们适当的指点和引导，告诉她们没必要那么大惊小怪，这一切都说明你正在长大，再也不是妈妈眼中长不大的小不点儿了！

别紧张，那是每月拜访你的“好朋友”

现在的小女孩发育成熟早，有的孩子在小学五六年级的时候，就有了“好朋友”。她们下课后，就会凑成一小堆儿神神秘秘地讨论自己身体的变化，尤其是说起每月要来的“好朋友”时，既好奇又紧张，又有些不知所措。

当细心的妈妈看到自己的女儿被这些问题困扰时，一定要化解孩子心里的紧张和不知所措，消除孩子不必要的心理负担，让女儿了解生理发育及身体变化，给孩子科学合理的建议，帮女儿“接待”好这每月都会拜访的“好朋友”，让她安然度过青春期。

雯雯12岁了，正是处于生长发育阶段的小女孩，最近她发现一个奇怪的现象，班里有些女同学上厕所时两腿之间竟流出血来，这让雯雯很是惊讶，是不是她们生病了？正当雯雯还没有弄清是怎么回事时，一天早晨，雯雯去厕所突然发现自己的内裤上也都是血，她一下子惊呆了，心想是不是同学们的病传染，自己不幸被传染上了呢？她越想越觉得可怕，赶紧把事情告诉了妈妈。

“妈妈，我被同学传染了，她们下体流血，现在我也这样了，赶紧带我去看医生，这事儿肯定严重了。”雯雯紧张地说。

“哦，没事的！”妈妈听后笑着说，“这不是什么病，说明雯雯现在长大了。”看着女儿既紧张又疑惑不解的表情，妈妈接着安慰说，“雯雯，好孩子，不要害怕，从今天起你每个月都会迎来这样的‘好朋友’，它会定期光临的，不用紧张。现在妈妈先教你怎样接待你的这位‘好朋友’吧。”雯雯在妈妈手把手的教导下用上了卫生巾，看着自己换下来的沾满了血迹的内裤，雯雯害怕得都不敢动手洗。到了晚上，妈妈主动和女儿睡在一张床上，并与女儿聊起了“好朋友”的悄悄话。

妈妈告诉雯雯，这个每月都来拜访的“好朋友”叫月经，是女孩儿到了一定年龄会产生的一种正常的周期性生理现象。由于身体卵巢和子宫内膜的发育变化，身体会少量出血，周期在一周左右，是每个女孩成长都会经历的事，不会对身体造成任何伤害。相反，如果女孩到了相应的年龄而没有这种生理变化，说明身体发育不良，甚至是疾病，反倒是让妈妈担心的。所以，这是正常的生理性流血，既不是见不得人的事情，也不是什么脏东西，不要难为情，也不要有什么心理负担。这个“好朋友”每月的拜访是有规律的，一定要记住每月这几天特殊的日期，提前做好一些准备。否则，会让自己弄得很尴尬的。一定要记住，在“好朋友”来拜访的日子里，注意外阴卫生，不要用不洁净的用品，洗澡时要洗淋浴，不能洗盆浴和坐浴，不吃生冷和刺激性的食物，如果不注意会引起肚子疼。

最后，妈妈安慰女儿：“只要你好好地与‘好朋友’相处，注意卫生，管住自己的嘴巴，‘好朋友’是不会为难你的。”听了妈妈的话，雯雯心里的紧张及疑惑顿时消失了。

妈妈参与女儿的成长很重要，尤其是在“好朋友”这个话题上，妈妈更是最佳人选。不过要注意的是，妈妈要保持平和的心态，不要过度紧张孩子在生理期的各种不适，要把此当成一件再平常不过的事情去处理，应该让女儿知道，月经初潮是再正常不过的事，没有必要大惊小怪，只不过是每个月多了几天特殊的日子而已，没什么大不了的，只要定期搞好了“接待”，知道这段时间该怎样呵护自己，就已经足够了，起码在心理上不要让女儿紧张得如临大敌。“好朋友”的到来意味着自己在生理上已经开始一点点走向成熟，心智也会愈加成熟，开始具备参与社会生活的能力。自己已经与原来的黄毛小丫头彻底告别了。

其实，月经的初潮是一个女孩儿最好的成人礼，她标志着女孩儿正式从青少年进入了青春期阶段；而这个时候妈妈除了要教会孩子如何和这个“好朋友”相处，还要从心智、思想等各个方面帮助孩子获得提升，这样她们才更能意识到如今的自己已经成了一个大孩子，一定要更好地呵护自己、照顾自己。

挺起胸，抬起头，展现女性美

女孩是妈妈的心头肉。有女孩的妈妈总是希望自己的女儿漂亮优雅，身材高挑，气质出众。可是大家有没有注意，这漂亮女孩儿的打造可是跟身材挺拔有密切关系的，如果孩子总是含胸驼背，颜值再高也不会出众。想要让自己的孩子气质出众，首先就需要女孩子做到挺胸抬头，充满自信。

也许在小女孩的时候，做到这点不是难事；而对于青春期的女孩来说，看着自己身体的变化很尴尬，有点不知所措，总觉得自己开始隆起的胸部引人注目，很害羞，所以有些女孩儿有意识地低着头驼着背，不想让别人关注到自己在一天天发育的胸部。因为这个事，很多家长可没少说女儿，可是效果并不明显，相反还会引起孩子的逆反。其实，只要家长们处理方式得当，善于和孩子沟通，稍微点拨提醒，孩子就会自己纠正含胸驼背的现象，变得主动挺胸抬头、自信满满。

小曼是个模样清秀、懂事乖巧的小姑娘。随着青春期的到来，小曼妈妈觉察到孩子身体的变化，乳房开始快速发育了。看着孩子并没有什么异常的表现，小曼妈妈也就没多想，反正是正常的生长发育，顺其自然吧。

可是，有一天放学回家的小曼，看起来闷闷不乐，没有像往常一样和家人说这儿说那儿的。小曼妈妈问：“宝贝儿，今天情绪怎么不高啊？”小曼回答说：“没事，就是感觉累了。”说完就进自己卧室了。

小曼妈妈也认为孩子可能是真的累了，可是随后小曼的一些变化，让妈妈无法淡定了。自从那天后，小曼像变了一个人，话少了，跟妈妈说话也总是漫不经心，走路总是低头含胸，一副精神不振的样子。要知道，小曼以前可是很自信的一个女孩。无论什么时候，都是身姿挺拔、自信满满的。

觉察到小曼的变化后，妈妈决定和女儿好好地聊聊，看到底发生了什么事情。在妈妈再三追问下，小曼反问道："妈妈，我现在乳房变大了，是不是挺丑的？那天在学校，有好几个同学在远处对我指指点点，背后还说我的胸大。我觉得特别难堪。"听了小曼的话，妈妈才明白原来女儿被这个问题困住了。

小曼妈妈没有说别的，而是拉着小曼回到家里，打开音乐，自己做起了瑜伽，看着妈妈随着音乐做着瑜伽的各种动作，挺胸，舒臂，跷腿……看了一会儿的小曼就问："妈妈，你总是这样挺胸，别人不说你吗？"小曼妈妈没有回答，反而问小曼："你觉得妈妈的动作美吗？"小曼说："很美，妈妈做得动作可漂亮了。"

小曼妈妈听了笑着说："这就对了嘛，女孩儿的身姿是最柔美的，女孩儿身体曲线的美，是没有谁能够替代的。而女孩儿之所以出现曲线的美，就是到了一定的年龄后身体发育成熟了才有的，这不是丑陋，更不是见不得人的事情，这恰恰是女性之美，傻孩子。"

听了妈妈的话，小曼点了点头。妈妈还告诉小曼，女孩子到了一定年龄生理会出现第二性征，乳房发育就是这样，这标志着你是个大姑娘了，以后你的体态就更加健美了。身体柔美是女性的天然之美，不要怕别人看见，就总是含胸驼背的，这样你以后的体形会受到影响，没有了挺拔的身姿，怎么会有高挑出众的气质呢。而且女孩胸部发育不是你一个人这样，这是生长发育的规律，你不是那个特例，只不过是个体时间的早晚。所以，不要害羞，大大方方地挺起胸膛走路，让大家看到你的自信和气质。

小曼听完妈妈的话后笑着说："那天同学那么说我，我还感觉自己丑死了。

现在才明白这是正常的生理变化，以后我还是那个自信的我。”

作为妈妈，谁都希望自己的女儿能够自信、阳光地生活，女孩的青春期生理发育，看似小事，其实对于孩子的成长是重要的一环。身体上突然的变化，会让女孩儿心理上出现波折，如果引导不当，会让孩子身体受到伤害，也会影响孩子个性的形成。

妈妈要及时与女儿交流，让孩子懂得青春期的变化是正常的成长过程，是每人都会经历的阶段，如果总是担心这个，担心那个，只会给自己徒增烦恼罢了。消除孩子心理上对身体变化的担忧，告诉孩子要充满自信，抬头挺胸，把女性之美展现出来。

千万别抠脸上的小痘痘

走在街上，不时会看到一些女孩儿水灵灵的脸上长满了小痘痘，看着光洁白皙的脸庞被那么多的痘痘给覆盖，相信哪个女孩儿心里都会不舒服，会为此事烦恼，会想尽一切办法去掉痘痘。去医院，去美容，或者自己动手去挤去抠。

面对这些青春期最易出现的小难题，妈妈一定不要袖手旁观、任其发展，要及时参与，帮助孩子解决心理困扰，让女儿漂亮优雅、自信满满，不要因此而让女儿产生自卑、沉默寡言，甚至羞于见人。

在没有长青春痘之前，蒙蒙的皮肤其实挺光洁的，可是上初二那年，蒙蒙的脸上开始长出了痘痘，妈妈几次告诉蒙蒙，千万不要随便去动脸上的痘痘。可是红红的疙瘩一个挨着一个，看着实在闹心。终于有一天蒙蒙没忍住，偷偷对着镜子挤痘痘，以为把里面的水挤出来就没事了。谁知第二天一照镜子，原本只是红红的小痘，结果全肿了起来，成了一个个大红疙瘩。

蒙蒙妈妈知道后，真是又急又气，赶紧带着蒙蒙去医院。大夫告诉蒙蒙，青春痘其实只是皮肤炎症，只要是对症治疗、注意饮食，是可以治疗的。但是千万不可以抠挤，那样会造成感染，使炎症更加厉害甚至会化脓，弄不好脸上就会落下疤痕，那可就得不偿失了。有了这次的教训，蒙蒙后悔地说："妈妈，我再也不敢动脸上的痘痘了。"

为了早点消除蒙蒙脸上的痘痘，蒙蒙妈妈首先在饮食上进行了调整，让蒙蒙少吃或不吃辛辣等刺激性的食品，买了苹果、梨、苦瓜、冬瓜等清热去火的水果蔬菜，监督孩子每天食用，补充身体水分，保持大便通畅。妈妈还特地买些海带做着吃，因为海带里面锌的含量比较多，能增强人体免疫力，还能参与新陈代谢，有利于那些堵塞毛囊皮质分泌物的排出，减轻痘痘的炎症。在皮肤的护理上，蒙蒙妈妈嘱咐蒙蒙用温水洗脸，促进皮脂分泌。尤其注意清洁面部的时候，不用刺激性肥皂，注意不要用油脂类的护肤品。在作息习惯上，改变蒙蒙之前习惯晚睡的毛病，每天晚上10点前睡觉，早睡早起，形成有规律的生活，使体内内分泌不再紊乱，让孩子保持良好的精神状态。有了妈妈的贴心陪伴和照顾，经过一段时间的调理，蒙蒙脸上的痘痘慢慢地下去了，蒙蒙特别高兴。

虽然战“痘”的过程可能会有点长，但只要妈妈有耐心，女儿有信心，淡定地和孩子一起去面对，采用科学合理的方法去治疗，不仅能让孩子学会对自己身体负责，懂得健康的重要，也让孩子体会到了妈妈的辛苦和付出，进而增进母女间的感情。有了这样融洽的氛围，相信一切问题都会迎刃而解，自家的女儿会早日摆脱痘痘的困扰，更加漂亮出众。

当你无奈地看着腋下说:“怎么长毛毛了？”

青春期的发育不仅会让女孩儿的个头猛长，而且还会出现体毛现象。由于体毛的生长主要在腋窝、外阴等比较隐私的部位，让很多女孩儿对此有说不出来的纠结和害羞。再加上黑乎乎的颜色，并且不知道毛毛有什么功能，所以好多女孩儿在心理上对毛毛很讨厌，甚至会想各种办法去掉毛毛。

作为女孩儿的妈妈要特别地细心，多注意观察孩子的日常细节，一旦发现孩子的体毛有开始发育的迹象，就要及时把这方面的知识告诉孩子，认真地给女儿上堂生理课，给孩子讲点生长发育的悄悄话，引导孩子正确认识这一过程，不要有不安和羞耻感。千万不要因为自家女儿的种种幼稚表现而嘲笑她，因为这个时期的孩子是很敏感和害羞的。同时，还要提醒孩子，不要轻易自己去掉体毛，也不要轻易相信媒体上说的那些天花乱坠的脱毛方法，要引导孩子懂得爱惜自己的身体。不要让孩子轻易尝试一些不科学甚至伤害身体的脱毛方法。

萱萱从5岁就开始学习舞蹈，她很有天赋，也很被老师看好。自从上初一后，有一段时间萱萱突然不愿意去上舞蹈课了，一说要去上课，萱萱总找各种理由拒绝。要知道，原来萱萱去上舞蹈课是很积极的。这很让萱萱妈妈困惑，不知道孩子遇到了什么，问过萱萱几次，萱萱总说：“妈妈，你别问了，没什么事。”

终于有一天舞蹈课回来后，萱萱一脸紧张地问：“妈妈，腋窝下面长了毛毛是不是特别丑，能不能想办法给弄掉呢？我的腋窝下面长了许多的小毛毛，一抬胳膊做动作就露出了，有好几个同学笑话我。”

萱萱妈妈说：“腋窝下面长毛毛是很正常的现象，怎么会是丑呢？到了一定的年龄大家都会长，你的小伙伴们说你长毛毛，是她们还不到时候，很快，她们的腋窝下面也会和你一样长毛毛的。”

看着萱萱疑惑的眼神，萱萱妈妈继续说：“长毛毛是女孩儿青春期发育的一个性征，这说明你体内的性激素在分泌，你在成长，你是大姑娘了。其实毛毛一直都在伴随着你，我们叫汗毛。只不过你现在处于青春发育期，内分泌的变化才造成毛囊生长，作为第二性征的标志出现在你身上。毛发生长，这不是什么丑事，是正常的生理现象。而且毛毛有不可替代的作用呢，比如腿上胳膊上的毛毛吧，能阻挡灰尘；而腋窝下面的毛毛则能保护皮肤，帮助皮肤排汗呢，尤其是腋窝部位的毛毛还能保护腋窝下面的淋巴结、血管，还有很多神经呢，可不能随随便便就拔掉呢。”

听了妈妈的讲述，萱萱点点头说：“没想到毛毛还有这么重要的作用，可是跳舞的时候露出来，我总觉得不好看，这能去掉吗？”

“可以。一般情况下，医生是不建议随便去除掉的。但有些特殊人群，像你要跳舞可以去掉；不过，这需要擦专用的药膏，或者去专业的美容医院、科室，让专业的人员帮着处理才安全，否则那会让自己的身体受到伤害。”

“好啊，好啊，早知道这样，我就早告诉妈妈帮助我了，害得我郁闷了这么多天。”妈妈的话让萱萱兴奋不已。

家有女儿是上天赐予我们的一份福气，想要女儿健康成长，就需要妈妈付出很多的辛苦和照顾。特别是青春期时，要及时地关注女儿的成长问题，以自己的体贴去安慰孩子，和孩子一起学习青春期发育的知识，帮助孩子找到解决的方法。这样的关注，不仅增加了母女间的感情，也让孩子更健康地成长。

巧度变声期，让嗓音更甜美

曾经有一副清脆嘹亮的童声女孩儿，在经历青春期的变声后会变为成熟的女声。嗓子的变声期在13~15岁，是做妈妈的要高度重视的非常时期，想要让自己的“小棉袄”能够说话清脆动人，嗓音甜美，这个阶段女孩儿的妈妈一定要随时观察女儿嗓音的变化，及时提醒女儿要注意的事项。

紫涵从小爱唱歌，嗓音甜美，咬字清晰，把握歌曲的要领很到位，不管是幼儿园还是小学初中，只要有演出，紫涵都会积极参与并为班级拿得荣誉。指导紫涵的老师，更是看好孩子以后的发展。

一天，紫涵正在家里练声的时候，突然就自己跑了出来，特别惊讶地喊：“妈妈，我的嗓子是不是坏了？原来高音我很容易就能够唱上去，现在怎么唱也上不去，而且一唱歌还觉得嗓子特别难受呢？”

听紫涵这么一说，紫涵妈妈赶紧给老师打电话询问，老师告诉她紫涵现在处于变声期，前一阵已经有这样的现象了，老师已经叮嘱紫涵多注意用嗓子，如果孩子确实感觉不舒服，可以去医院找医生咨询一下。

知道了孩子的情况后，紫涵妈妈第二天就带紫涵去医院，医生确诊紫涵就是开始变声，不是病。医生提醒说，虽然女孩儿的变声不会像男孩那样明显，但是对于学习声乐的人来说是至关重要的，一定要格外注意。

回家后，妈妈特别叮咛紫涵要保护好变声期的嗓子，妈妈说：“你现在的嗓子有些充血和嘶哑，这段时间练习声乐的时候，一定要科学地用嗓子，唱不上去的高音就先不要勉强，老师也说过了，会根据你的情况安排你学习的进度，不要着急，在这个阶段千万不要和同学飙高音，这时过度用嗓对你是有百害而无一利啊。”

紫涵说：“知道了，妈妈。那今天晚上你就做点好吃的犒劳犒劳我吧，来个宫保鸡丁，或者酸菜鱼都行。”

“那可不行。”紫涵妈妈说，“你现在可不能吃辛辣和有刺激性的食物，要多喝水，一会儿妈妈给你煮点冰糖雪梨吧。还有从现在开始注意作息规律，早睡早起，还要加强锻炼，不能感冒了，保护好你的小嗓子才是最重要的。”

听着妈妈的唠叨，紫涵感觉头都大了，不过为了自己以后能够站在更高的舞台上歌唱，紫涵还是决定听从妈妈的安排。

我们相信有紫涵妈妈这样贴心和细心的照顾，还有紫涵自己的主动配合，紫涵的变声期一定能够安然度过。

妈妈们都应该像紫涵妈妈那样，善于观察，正确指导，帮助孩子安然度过变声期，让变声后女儿的嗓音更甜美，也更加优秀。

第二章

爱漂亮没错，但健康更重要

小姑娘爱美很正常，但是为了漂亮不惜伤害身体那就划不来了。青春期是一个女孩子最特殊的时期，这些娇嫩的花儿在一步步地走向成熟，但此时含苞待放的她们还略显稚嫩，更需要母亲这位护花使者的呵护和引导。其实世上有很多更健康、更可靠的美丽方式，效果也是相当不错的。与其在自我折磨中扮靓，不如让自己既健康又有活力地绽放属于自己这个特殊年龄的青春笑容。作为妈妈，这个时候一定要对女儿耐心引导，谁让她是自己的贴心小棉袄，自己一辈子要去装扮的女儿呢？

减肥不能伤身体

如今的女孩儿都很爱美，看着别人穿铅笔裤，露出小蛮腰，自己就开始暗自发狠，一定也要让自己的身材纤细起来。于是，每天该吃饭的时候不吃，就连晚上端过去的水果都不愿意吃。作为母亲看着自己的女儿为美这么折磨自己的身体，心里怎会不心疼。

人们常说女儿是妈妈最贴心的小棉袄，假如这个小棉袄为了瘦身漂亮，不惜损害身体健康，真把自己身体整病了怎么办？如今媒体上经常会有一些关于女孩儿减肥心切而身患各种疾病的报道，而身边的朋友家里就有类似这样的例子。回头想想自己的女儿，心里怎能不担心？有些妈妈叫苦说："孩子现在是越来越不听话了，跟她说了很多次，可她就认她的理，该怎么办呢？"对于这样的情况，要找一个恰当的时间、恰当的方式跟她好好谈谈，让她真正认识到问题的严重性，引导她树立正确的审美观，一切就会迎刃而解。

青青是一个非常爱美的小姑娘，本来每天上学都高高兴兴的，突然有一天却嘟囔着小嘴回来了。妈妈连忙问她出了什么问题。青青委屈地说："今天老师找来所有女生说要给校联欢会排节目，节目是一个舞蹈，要挑选身材苗条漂亮的舞蹈演员。老师看了我一眼就把我 Pass 了，而且当着所有女生直白地说：'你太胖了，不行。'当时我的脸滚烫滚烫的，真想找个地缝钻进去。"

"嗨！我当是什么事儿呢。不让上就不上。跳舞不让上，咱们还是合唱团的小领唱呢！这谁也替代不了吧！”

青青听了没说什么，回自己房间后偷偷地在网上购了一大箱减肥药。结果还是被妈妈逮了个正着。看见青青要对自己下这么重的狠招，妈妈很着急，决定针对这个问跟青青好好地谈一谈。

妈妈叹了口气说：“青青，虽然你现在越长越高，越看越像大姑娘了，但是你的身体还在发育阶段，这个时候吃这些药是很危险的。前段时间，妈妈单位就有一个同事的孩子，偷着吃减肥药，结果闭经了，一下子内分泌紊乱，现在都休学了。你也想像她那样吗？”

听了这话，青青有些害怕，瞪大了眼睛，但嘴里还是喃喃地说：“可我想不起来还有什么方法能快速瘦下来。”

“加强锻炼啊！”妈妈说，“其实减肥是好事儿，妈妈不拦着你，但是要用健康的方式。我们可以合理饮食加合理的运动，相信很快就能见到效果，从今天起妈妈和你一起努力。”

于是妈妈开始设计减肥食谱，合理规划青青每天的饮食，同时敦促青青运动。不到三个月，青青的体重就下降了 8 斤，这让青青兴奋不已。这时候妈妈打趣地问：“还吃减肥药吗？”青青一脸不屑地说：“吃它干吗？健康减肥最重要。”

因为年轻，很多女孩儿总是会为了美而不惜伤害和折磨自己的身体，想出各种狠招，试图通过这种方式快速达到美丽的目的。最终目的还没达到，身体先出现了问题，这样实在是太不划算了。正如青青妈妈所说，追求美丽的方法有很多，健康的方式不一定会比动用狠招的方式慢。作为一个女孩子，首先要先学会对自己的人生负责，生命那么长，不管遇到什么事情都不能拿自己的健康开玩笑。

其实，针对减肥这件事，是有很多更科学的方法和策略，作为妈妈，可以坐下来和女儿一起探讨这个问题，把它当成一种时尚话题，一起交流心得。例如陪女儿一起尝试做一款既健康又有瘦身功效的果汁，陪女儿一起到户外跑步锻炼，陪女儿一起研究制定一周的瘦身食谱，或是陪女儿一起随着网络视频中的健身舞步在家中自由摇摆。总之，有太多的方法能让女儿轻松而健康地拥有好身材，这样，不但解决了女儿的“心病”，还增进了母女之间的感情。女儿漂亮了，妈妈也更加年轻、更有活力。

想穿高跟鞋还不到时候

现在商店里的鞋子琳琅满目，尤其是高跟鞋的柜台，各种精美的设计令人眼花缭乱，总是吸引着爱美爱漂亮的姑娘。很多妈妈观察到，每次带女儿去商店，只要经过卖鞋子的柜台，她就会在那里伸着脖子眺望，满脸全是羡慕。不难想象她内心正在发出怎样的声音：“假如我能穿这么一双漂亮的鞋子，该多美啊！”

女孩儿到了青春期，开始越来越注意自己的仪表。她们希望自己的体态优美、身材高挑，能够在人前更有魅力。正因如此，她们不自觉地将目光转移到成人的审美世界，觉得那才是真正的美，她们的内心已经无法抑制拥有这种成熟美的渴望。假如自己恰好个子较矮，更是会对高跟鞋情有独钟。

可是作为母亲的我们知道，孩子正在长身体的时候，还没有发育完全，因为一味地爱美，过早地穿高跟鞋会使她们活动不便，脚掌变形，脊椎受损，直接影响女儿的生长发育，对身体绝对是一个巨大的伤害，也不适合她们当下天真烂漫的活泼劲儿。再者学校也有规定，不允许穿高跟鞋。可有些女孩子，只要能漂亮，哪管其他的事，这时候作为妈妈应该怎样引导她呢?

兰兰是一个身材娇小的女孩儿，她觉得自己个子矮，总是希望妈妈能给她买一双高跟凉鞋。每次和妈妈逛商场的时候，她都会在卖鞋的柜台前流连忘返，假如不是妈妈硬把她拉走，她就能在那里摸摸这个看看那个的不动窝。

一天，妈妈给兰兰买了一条特别漂亮的裙子，兰兰看了异常兴奋，可是一试衣服，呀！哪儿都合适，就是有点长。这时候兰兰借机会抱怨说："妈妈，让您给我买一双高跟凉鞋，你就是不肯，如果我穿上高跟凉鞋不就正好了，该有多漂亮啊！"

听了兰兰的话，妈妈丝毫不为所动，一脸严肃地说："你知道穿高跟鞋会造成多大的伤害吗？它会抑制你生长发育。你还想不想长个儿了？你是想一时漂亮，还是长了大高个子永远漂亮啊？"

兰兰听了嘟囔着小嘴说："谁说人家老穿了，穿一两次不会造成什么问题的。"妈妈皱皱眉头说："得了吧！你看着它漂亮你就总想穿，到最后一有漂亮衣服就想到它，结果穿高跟鞋的次数会越来越多，你的身体就会越来越糟糕，妈妈不能给你这个机会。妈妈不是不支持你漂亮，不然还给你买这么漂亮的裙子干吗，但是在这个年龄段，还是应该尽情去展示这个年龄段的美就好了。尽管你越来越成熟，但毕竟还是孩子呢。你不会想等到自己长大以后，返回来再看这个阶段的自己，压根儿就没活出这个年龄段的青春劲儿吧？"

听了这话，兰兰低着头："可我个子太矮了，穿漂亮衣服没别人好看。""没有啊，小巧有小巧的美啊！每个女孩子身上都有与众不同的美，身材修长是美，小巧玲珑也是美啊！怎么能说自己没有别人漂亮呢？你要学会对自己的美有自信，在妈妈眼里，我的女儿一直很漂亮啊，就像一个可爱娇小的洋娃娃，忍不住让人去亲近啊！"

听了这话，兰兰开心了很多，脸上又恢复了自信的微笑。

其实有时候，孩子对高跟鞋的渴望就是三分钟热度，只要妈妈及时引导，将注意力转移到让女儿看起来更健康更漂亮的事物上去，这份念想儿就会很快被淡忘的。看看如今，很多成年人也都意识到穿高跟鞋的坏处，上班路途比较远的人每天穿着高跟鞋，都会觉得很辛苦。所以有些朋友干脆包里带上一双轻便的平底鞋，非正式的场合就换上，让脚舒服舒服。由此不难看出，高跟鞋对于我们人体的伤害有多大，如果说成年人都受不了的话，正在青春期发育阶段的孩子怎么能受得了？

所以作为母亲，我们有必要告诉女儿其中的利害关系，告诉她们过早穿高跟鞋会对身体造成的伤害。更何况现在很多鞋店出售的平底鞋也一样漂亮，既可爱，又不影响运动，非常适合青春期爱美的小姑娘。这些款式也不失为一个好选择，或许女儿见到它们的时候，也同样会眼前一亮，一下子就将对高跟鞋的渴望抛到九霄云外去了。

烟熏妆怎比女儿天然美

有句话说得好："人靠衣装，美靠靓妆。"如今大小时尚杂志上每天都在介绍各种各样的化妆技巧，不可否认，经过一番妆容打扮，人看起来就是比没化妆漂亮，也难怪家中的女儿会被琳琅满目的化妆品所吸引 。虽然现在还是个小姑娘，但爱美的心是可以穿越的。望着杂志上一个又一个的漂亮女郎，谁不想成为她们的样子啊！

于是有些还在青春期的女孩儿开始坐不住了，她们偷着拿来妈妈的化妆品，照着教化妆的网络视频一笔一笔地在自己脸上画起来。有些画得还可以，有些真的就把自己画成了小鬼，等到妈妈追问的时候，还装出一脸不屑的表情说："你懂什么，这叫烟熏妆，现在最流行的。"可以作为成年人的妈妈自然知道，假如女儿带着这样的妆容出门，即便画得再好也会被别人看作不良少年的。

对于这个问题，抛开妆容适不适合自己的问题不说，单说过早用化妆品就很不好。本来这个年龄段的小姑娘皮肤很细致，看起来也很有朝气，结果被一层又一层的化妆品给罩起来，时间一长，各种皮肤问题就会找上门来，有些出现了皮肤过敏，还有的满脸起大包，最终好好的脸蛋留下了一块又一块很难去掉的印记，来回跑医院不说，关键是对身体伤害特别大，这样算下来爱美的代价实在是得不偿失了。

萌萌今年刚满 15 岁，在同学眼中她是一个漂亮的女孩儿，但对自己容颜身材要求更高的她，总是希望自己能更漂亮，于是自己一有零用钱，就买各种的时尚杂志，偷偷拿着妈妈的化妆品照着杂志教的化妆方法，一笔一画地照着镜子在家里偷偷描画，结果有一天被妈妈抓了个正着。不好意思的萌萌连忙快速洗脸，生怕妈妈生气。

看着女儿紧张的样子，妈妈抑制住自己的情绪，耐心地等萌萌洗完，然后在镜子旁，点评道："看镜子里现在的萌萌多漂亮啊，比化妆时候要好看得多。"

听了这话萌萌不好意思地说："我只是想试一下，想看看自己化了杂志上那种妆后是什么样子。"

"可是你知道多少漂亮的小姑娘因为化妆把自己的脸给毁了吗？原来她们就像现在的你，皮肤很细嫩，结果老是化妆，把自己的皮肤都弄坏了。"妈妈皱起眉头说，"妈妈单位有一个阿姨的女儿，20 多岁了，因小时候爱美，用劣质化妆品，一味地追求化妆效果，结果把自己的脸毁容了，现在出门必须化妆，根本就不敢卸妆，一卸妆，皮肤疙疙瘩瘩的，还有很多地方都过敏了，而且肤色暗沉得要命，真的没法看。你说这代价多惨重啊。"

萌萌一听，赶紧把手里的化妆品放在一边，也开始紧张起来。

看着萌萌的样子，妈妈继续说："其实我们萌萌挺漂亮的，这个年龄，素颜才能反映出一个女孩子最纯粹的美，不加修饰也一样漂亮。萌萌，你知道吗？现在很多明星都讲求素颜了，除非特别重大的场合一定要化妆外，人家平时就是素颜，参加完活动回到家，马上就把妆卸得干干净净，绝对不让皮肤承受这些化妆品的压力，看事情不能看表面，咱们得对自己这么细腻的皮肤负责。"

听了妈妈的话，萌萌从此再也没有碰过化妆品。

青春期的小姑娘根本就不需要化妆，自自然然的素颜本来就很好看，无论是长发马尾还是短发齐耳，都洋溢着一股子活泼向上的气息。所以，家有青春期女儿的妈妈应该妥善地引导孩子，让她们从心里明白，青春期的女孩儿本身就很美，有着这个年龄段特有的美感和气质，这种自然的美是任何化妆品都不能化出来的，没听说过“清水出芙蓉，天然去雕饰”吗。

如今市面上化妆品的质量参差不齐，对于青春期女孩儿稚嫩的皮肤而言，是非常不适合的，作为母亲的我们应该教育孩子自觉抵制这些诱惑，避免这些产品对孩子皮肤的侵害，这样才能拥有更靓丽的青春皮肤、更美好的青春回忆。

染发的危害你知道吗

如今很多小年轻追求时尚染发，轻的染个棕色栗色，夸张的头上能有好几种颜色，还有些小小年纪就把自己的头发染成白发苍苍的样子，真是让很多过来人不禁摇头。但这些形形色色的头发色彩却始终吸引着很多爱美的小姑娘。她们被各种时尚明星的造型所吸引，希望自己能够像她们一样拥有更完美的形象。

试想一下，假如有一天，你的青春期女儿也缠着你带她去理发店染发，你会有怎样的反应呢？同意无异于把女儿引向一条错误的道路，而简单的反对很可能会引起她们的逆反心理。最好的办法还是晓之以理，动之以情，让她们自己意识到染发对身体的伤害是不可逆转的，自觉地抵制这种“美”。同时，以正确的审美观引导女儿，告诉她自己现在的一头黑发是多么漂亮，它是世界上其他很多国家的姑娘求之不得的，而现在，自己就拥有它，为什么还要改变它呢？

玲玲最近迷上了一个女歌星，每次看到她拍的广告就兴奋地对妈妈说：“妈妈，妈妈，我也想把头发染成她那种颜色，你能不能带我去理发馆啊？再让理发馆的叔叔给我设计一个满意的发型，那我的小模样肯定棒极了。”

听到女儿的要求，妈妈皱皱眉头说：“你知道外国的那些男孩儿女孩儿，看到中国女孩儿如黑瀑布一样的头发都羡慕极了，看看咱玲玲的头发，就像黑瀑布，为什么要换颜色？”

“可是我觉得染了头发样子也很好看啊，你看电视里的她，多好看啊。”玲玲继续撒娇道，“妈妈！你就答应我吧！”

“不行！”妈妈坚决地说，“你不懂，现在的染发剂很多都含有化学元素。前段时间我还在报纸上看到一个新闻，说有个女孩儿爱漂亮，老染头发，结果铅中毒，还有一个得了癌症，一查就是染发染的，你说厉害不厉害？染发剂都含有化学成分，而这些化学成分大多有毒，头皮是这么脆弱的地方，一旦染发剂触碰到头皮被吸收，整个身体就都受到影响，你想想看，为了美牺牲身体值得吗？”

听了这话，玲玲不作声了，过一会儿嘟囔着：“可我看她也没事儿。”妈妈冷笑道：“你怎么知道她没事儿啊！你看看电视上那么多明星出现了各种各样的疾病，有的还患癌去世了。你看她现在没事，人家有事告诉你吗？再说，现在的你年纪小，不要为这些事情分心，要花更多的精力用在学习上，学累了就出去跑跑步锻炼身体，身材会越来越好，等到真考上好大学，到时候往人前一站那才有底气呢。”

听了这话，玲玲从此再也没有提染发的事，时间一长她对着镜子里的自己也很满意，时不时地还对妈妈甩个头发说：“看我的黑瀑布好看吗？嘻嘻，我下楼锻炼去了。”

如今很多青春期的女孩子都对时尚产品缺乏自控力，看到杂志电视上的青春美少女，心中就满是追捧，希望自己也能成为她们那么漂亮的女孩儿。但事实上，正处于青春期的她们，最需要的是保证好自己的身体健康和发育良好。尽管在一步步朝着成年方向进发，但现在毕竟还是孩子，最主要的事情是学习和锻炼身体。

对于染发这件事，正如玲玲的妈妈所说，当下的染发产品都含有有毒的化学成分，更何况女儿正处在青春期，过分地打扮只能让她们在本该做的事情上分心。要让女儿知道这时候的自己本来就很好看，一头乌黑的头发本身就富有东方韵味，何必要做那么多改变，花钱费力还危害身体健康呢。与其大把时间琢磨这些，不如将更多的注意力集中在学习和自我体质的锻炼上，这样才能拥有更苗条纤细的身材，更自然美丽的娇颜，在不久的将来考上理想的大学。相信等到自己真的迈入社会的时候，一定会感谢自己当时的正确选择，当然还有对妈妈巧妙引导的感激。

为什么不能穿露脐装和紧身裤

现在很多小姑娘为了显出自己的腰身，会把目光集中在一些漂亮的吊带露脐装和显得腿部纤细的紧身裤上。这显然很不适合。

先看紧身裤吧，铅笔裤虽然能显得腿部纤细，但是它紧紧地裹在人身上，会造成我们下半身的血流不畅，因为绷得太紧，时间长了会影响到女孩儿的下半身发育，更严重的还可能会造成诸多的妇科疾病。

说完紧身裤再来讲讲露脐装，肚脐露在外面是很影响身体健康的。按照中医理论，肚脐是人身上最脆弱也最需要呵护的部位，它联系着我们的内脏，收敛着人的精神，假如长时间把这个部位露在外面，轻的会肚子痛，重的还可能会引发别的疾病，影响女孩儿整个的精神状态。

尽管女孩儿知道露脐装和紧身裤会给身体造成伤害，但是当看到其他女孩子毫无顾忌地把这两样东西穿在身上时，就会小声地对妈妈嘟囔起来："别人都这么穿，也没有什么事。为什么别人可以穿我就不能穿？"对于这样的抱怨，作为妈妈的我们一定不能妥协，因为我们是女儿的守护者，但凡对她有伤害的，一律都要排斥在外。

这天妈妈和当当坐公交车去书店，一路上当当都在手机电商里搜索着各种漂亮衣服的图片，妈妈凑过去一看，全是些要么露肚脐，要么把下身绷得很紧的紧身裤。看到妈妈过来，当当赶快央求道："妈妈！你看这衣服多好看啊，我本来就很瘦，穿上这些衣服一定特别好看，帮我拍两件嘛，又不是很贵。”

听了当当的话，妈妈不为所动：“不行，你知道这多伤害身体吗？前两天听广播说，有人穿露脐装、紧身裤都闹了月经病，总是肚子疼，还有的都闭经了，你知道这对女孩儿意味着什么吗？长期闭经身体里的毒素就排不出去，时间长了就容易致癌，你想跟她们一样啊？”

“哎呀！你老把事情说那么严重，你看大街上那么多女孩儿都穿，也没什么问题，怎么到我身上就会出问题啊？”

“你是看着没问题。”妈妈说，“你不是喜欢上网吗？上网看看那些总穿这些衣服的女孩儿最后都得了什么病，有些明星那么会保养，到最后为了美穿露脐装，结果一到月经期就痛经，下不了床，根本没法工作，找了很多大夫都调理不好。你说这划算不划算？你光看人穿着漂亮了，后面受的罪谁会告诉你啊？”

听了妈妈的话，当当不高兴地噘着小嘴：“你不就是不想给我买吗？”

“那是两码事儿，其实妈妈也想给你买漂亮衣服，前段时间在网上看好多很适合你穿的漂亮衣服，而且也不会担心它会影响到健康，你要不要看一看？你这次考试要是发挥得好，妈妈就给你买两件。现在你可以拿妈妈手机看看，提前挑选一下。”

听妈妈这么一说，当当的烦躁情绪渐渐平息下来，渐渐地被妈妈手机里的衣服图片吸引，开开心心地挑选起来，当妈妈问她喜欢不喜欢的时候，当当惊喜地说：“还是妈妈更了解我的风格，里面的衣服确实都很适合我，很时尚呢。”

作为母亲，人生中的一大乐事就是和自己女儿一起逛街买衣服，在妈妈心中，女儿就是自己要全身心扮靓的洋娃娃。每当女儿穿着漂亮的衣服，开心地在镜子面前满意地晃来晃去时，在一边的妈妈心里也是别样的欢喜。

但作为母亲，我们绝对不希望女儿因为乱穿衣服的问题而影响到身体健康，露脐装，紧身裤，虽然穿着好看，却真的不适合正在青春期的女儿。正在发育阶段的女孩儿身体会更加敏感，更加需要呵护，假如这个时候为了贪图一时美丽而乱穿衣服，那所要付出的健康代价就太大了。

其实，女孩儿爱美本没有错，作为母亲，我们没有必要剥夺女儿爱美的权利，当下市面上有很多漂亮的衣服都很适合青春期的小女孩儿，既阳光又大气，把女儿的注意力转移到这些款式的衣服上，也不是一件多么难的事情。只要引导得当，这个漂亮的小美妞还是可以在自己的青春期阶段，绽放出小太阳花一样的美艳姣容的。而等到她慢慢成人，就会明白妈妈当时的良苦用心，并对这位护花使者的智慧引导感激不尽了。

心灵美才是真正的美

很多青春期女孩儿都爱漂亮，希望自己是人前最美的那一个。可真正的美不仅仅源于俊俏的外表，还源于那个美丽的心灵。由此可见，想获得真正的漂亮女孩儿必须由心出发，认真地挖掘自我，用心地去爱别人、爱家人、爱世界，用心地去经历生活中的每一件大事小事，时间一长，俊俏的容貌就会和纯洁的内心形成统一，散发出与众不同的美丽特质。

那么妈妈究竟如何来历练青春期女儿的那颗美丽心灵呢？曾经有个妈妈就在留言板上分享了她与女儿的故事：

我家的姑娘是个爱美的人，每天一有闲暇的时间，就会把自己所有的衣服都倒腾出来，一件一件地试，看看怎么搭配更好看，这些内容完毕以后，又开始琢磨自己这张脸，今天想用这个面膜，明天想梳那个发型。总之你就看吧，臭美就花去一星期大半时间。有时候也挺让你可气的，刚整理好的衣柜一下子又乱七八糟了，明明还没完成作业，她注意力就转移到怎么让自己看起来更漂亮上。

于是我决定花点时间跟她谈谈什么才是真正的美。一天我把她叫到身边，让她看了一个视频。一个挺漂亮的女孩儿，看见天寒地冻的大街上坐着一个老爷爷，老爷爷衣衫单薄，冻得瑟瑟发抖。于是女孩儿走上前去，跟老爷爷聊了几句，她先转身给老爷爷买了点热乎吃的，又给了老爷爷一些钱，最后看到老爷爷冷成那个样子，干脆就把自己棉衣脱下来披在了老爷爷身上，然后自己穿着单薄的毛衣乘坐地铁走了。

看到这女儿不以为然地说：“不就是个视频吗？有什么新鲜的？”

我转过头对她说：“你不觉得很感动吗？现在这个女孩儿已经被称为暖冬最美的女孩儿。”

“最美？我看她长得一般。”女儿说道。

“真正的美不仅仅在于外表，还在于一个人的心灵。所以你如果想得到真正的美，还要在提高修养上多下功夫。”我说。

“怎么下功夫呢？”女儿反过来问。

“你要学会挖掘你内心的爱，增加你内心的正能量，丰富你的人生内涵，这样即便有一天青春不在了，人们看到你的时候，一定会觉得你依旧很美。”妈妈接着说，“所以我觉得你呀！现在真的应该把打扮自己的时间省下来，多看点书来丰富自己，用心地做好身边的每一件小事，用心地真爱身边的每一个人，用心地真爱这个世界，假如你能做到这一切，那么那个美好的自己就不知不觉地被塑造出来了。”

“那难道我现在就不能让自己更漂亮一些吗？”女儿反驳道。

“外表的美总会随着年龄的增长逐渐消失的，如果你把时间都花在外表上，没有专注地读书，也没有认真地塑造美好心灵，等到真的有那么一天，很多注意内修的女人依然是由内而外散发出端庄美丽，你已经比别人差了一大截了，你愿意最终输给别人吗？”

听了这话，女儿沉默了很久，从那以后，我发现她真的很少再去捣鼓衣柜里的衣服了，把更多的时间花在了读书上。后来我听说她还报了爱心社团，参加了志愿者，现在每天日子过得很充实，我想她一定已经深刻明白了美的价值。

不是所有的女孩儿都有漂亮的外表，真正的美来自于一个人的内在，是真正的美，可现如今很多女孩子却本末倒置，把大把的时间用来装点自己的外表，却从来没好好想过如何才能更好地完善自己的内心。作为妈妈，我们应该让孩子从小就注重提高自身的内在修养，培养、完善自己的内在美，让漂亮的脸蛋和美丽的心灵达到默契的统一，只有这样，不论时光飞逝，不论岁月流淌，美丽才会一直相伴在她们左右，一生得到美丽的滋润，因为她们早已将美丽变成了信仰。

第三章 告诉我，是什么坏情绪纠缠了你

“烦啊，怎么那么烦！”不知道为什么女儿一到青春期，各种负面情绪就一股脑儿地跟来，时而让她忧伤，时而让她迷茫，有些时候那惊天动地的小脾气自己都不知道怎么回事就犯上来。回头再看，无非都是一些小事。唉！为什么这么大动肝火呢？这样不正常的情绪波动，作为妈妈该怎么办呢？先别着急上火，静下心来去和女儿好好谈谈心吧，找出症结所在，看看到底为什么青春期的女儿总被这些坏情绪纠缠。

是什么让你有了林黛玉般的忧伤

女孩子本身就非常地感性，尤其到了青春期，这种感性会更加明显。有些女孩儿会因为一点小事流泪，看到一片树叶落地，就会跟着凄凉……这时候有些大意的妈妈误以为这不过是女儿对人生的一种多情，是对于自己内心诗情画意的诠释。但事实上，假如女孩总是动不动就像林黛玉一样忧伤，那就要接受心理上的引导和调节了。

从中医讲，爱在秋天悲伤的人，肺脏是需要好好调整的。肺在五情中属悲，所以我们看《红楼梦》中的林黛玉患有肺病。所以与其说她多愁善感，从某种程度上说那是一种病态，这种病由心影响到身，最终形成了她因为一点小事就忧伤的性格。

一本书看看也就罢了，但自己家的女儿可不能成为那个样子，作为母亲，发现苗头就要及时对家中的女儿进行心理疏导，淡化这些引起悲伤的小事，让阳光洒满她的内心世界，让她们以更快乐、更有活力的精神面貌去迎接每一天的到来。

多多是一个非常有诗意的女孩子，十五六岁的她变得对周围事物非常敏感，抬头看见一只独飞的乌鹊，心就会跟着忧伤起来，随口咏诵："月明星稀，乌鹊南飞；绕树三匝，无枝可依……"于是落笔写下，"我就好似一只孤独的鸟儿，奋力地飞翔，却在风中折伤了翅膀，我很痛，以至于痛得看不见未来。天还是那么高、那么蓝，但我却怎么也飞不上去了。我在草丛间带着恐惧仰望这个世界，偌大的空间，哪里是我的容身之所？”

看了多多的诗，妈妈觉察出了问题，女儿显得很忧郁，最近自己一直和女儿在一起，也没有出现什么不愉快的事情，这样沉重的忧伤到底是从哪来的呢？于是妈妈故作淡定地说：“写得不错，但是我觉得你把这只小鸟的命运写得太惨了，它知道了会很难过的。这个世界虽然空旷，但即便是一朵小花都有属于自己的美丽，更何况是一只鸟儿、一个人呢？你怎么确定鸟儿会在风中折断翅膀，怎么不想它会在风中翱翔，变得越来越坚强，它会叼来树枝为自己筑巢，然后细心地繁衍后代，把每一只幼雏都照顾呵护得好好的，它们都会活在上天的爱里，每天都是很幸福的。所以多多的心里也要开朗起来，让阳光照进你的心房啊！”

听了妈妈的话，多多眼睛里满是泪水：“可是我也不知道为什么，我就是忧伤，我感觉不到阳光在哪里，我只是觉得生命很凄凉，总是找不到懂我心的人；我总是看不惯世间的很多事，但是又没有什么办法，所以我的心越来越忧伤。”

“傻孩子，你还有妈妈啊！妈妈生了你怎么会不懂你呢？你要学会转换角度，用阳光、乐观的角度看待这个世界。就好比同样面对黑暗，悲观的人总觉得是死亡在敲门，而乐观的人却觉得那是黎明的前夕。两者之间的差别是很大的，人只有不断朝着快乐的方向走才能越来越快乐啊！”妈妈抚摸着多多的肩膀说，“从今天开始，妈妈陪你一起写诗，但是要转变一下写作的角度，忧伤的词句即便是再好也尽量不用或少用。多多的书房里，应该多一些乐观诗人的书籍。妈妈觉得李白、苏轼，或是咱们毛主席的诗就不错啊！看这些诗能够体会到这些诗人的乐观豪迈，即便是遭遇到命运的不济，他们仍然可以挥毫泼墨，写出‘人生得意须尽欢，莫使金樽空对月’的洒脱，多多要向这些诗人学习，你眼里的世界就会发生改变了。”

听了妈妈的话，多多擦擦眼泪，努力地点点头。

从那以后，妈妈每天陪多多读诗，并和她一起探讨交流写作心得，引导多多朝着乐观的写作方向发展，起初多多也还是刻意为之，但过了一段时间，随着心态的转变，多多的世界观发生了改变，她的文笔越来越乐观豪迈了，脸上也经常带着信心满满的微笑，就连说话也比以前大声了很多，还经常跟妈妈开开玩笑。

一次妈妈看着多多的新作满意地夸奖说："哎呀，我伤心的宝贝变风趣了啊，也能写出那么洒脱的小散文了！"而此时的多多带着笑容说："人生本就应该豪迈，路上那么多风景都期待我的笑容，我哪有时间哭泣啊！"

听了多多的话，妈妈欣慰地笑了。

青春期的女孩儿虽然正在走向成熟，藏在她们心底的那点淡淡忧伤，只要及时引导是很容易调整过来的。作为妈妈一旦发现有这样的苗头，就要尽快进行引导，把她从黑暗的角落带到温暖的阳光下。不可否认，生活在这个世界的每个人都有忧伤，但关键是如何正确地面对它。像林黛玉一样哭哭啼啼只会让自己更忧郁，而化悲伤为笑容的女孩儿才是更聪明，更让人喜爱的。

你说你的眼前一片迷茫

宁静的下午，这个世界如往常一般平静，而女孩儿的内心却泛起阵阵涟漪，觉得未来充满了迷茫。这种感觉已经经历了很长一段时间，但是自己却不知道怎么消解。于是独自坐在窗边，分外忧愁。

作为妈妈的你，有没有发现家中正在经历青春期的女儿也在经历着这样的惆怅呢？要知道，一般这种情况，女孩儿是不会告诉父母的。因为觉得，即便自己说了无非也就只能得到父母几句鼓励的话，没有任何意义。但假如这个困惑不解决，时间长了会直接影响到女孩儿整体的精神状态，她们会越来越忧郁、越来越疲倦、越来越自我封闭，她们开始不断地自我逃避，开始为新的一天恐惧，尽管她们也不知道那种内心的不安从哪里来，但就是怎么也不能化解。如这个时候妈妈不加以注意，女儿很可能会因此衍生出各种各样的心理问题，到时候再想处理，可能难度就会大很多。

前段时间有个妈妈在留言板上留下了当下自己女儿所遇到的问题：

我的女儿曾经是一个非常活泼可爱的孩子，每天放学都是哼着歌，一蹦一跳地回家，从来就不知道什么叫烦心事儿。可我发现快初中毕业那会儿她变了，每天沉闷，不爱说话，一放学回家就把自己锁在自己屋子里不出来，直到该吃饭的时候，我得叫她好几遍她才出来，端起饭碗一声不响地在那里吃，很少跟我们交流。

到了周末，别的孩子都开开心心的，她却躺在床上，把被子蒙着头装作好像睡着的样子，其实就是在那里睁着眼睛待着，时而看着窗外，时而看着天花板。

这时候，我觉得孩子一定是心理出现了问题，于是就跟她好好聊了一次，女儿告诉我她很迷茫，不知道明天自己会是什么样子。拿这次模拟考试来说，她努力了很久才提高了不到五分，结果名次依然在原地踏步。每天面对的都是繁重的功课，自己心理压力很大。有时候自己就想，这么努力地坚持，到底有什么用？这样一天天紧张兮兮的到底有什么意义？分数对自己来说意味着什么？而自己的未来究竟会被别人打多少分？那时候的自己会不会比现在还要惆怅？

听了孩子这么说，当时的我觉得中考对女儿的压力太大了，甚至都有心让她休学一段时间，带她到外面好好玩儿几天，让她的心彻底放松一下，但又害怕学习成绩会落得更多，回来就更赶不上了，真不知道该怎么解决这个事情，看着女儿疲惫的样子，作为母亲，心里真的有说不出的心疼。

看了这段妈妈的心里话，估计很多同为母亲的朋友也会跟着一起揪心，一个活泼可爱的孩子，怎么突然在经历青春期的时候成了这个样子？这样迷茫的情绪究竟应该怎样化解呢？对于这样的问题，有以下几点建议，希望能对大家有所帮助。

第一，成为孩子忠实的听众和笔友

当孩子迷茫的时候，内心是无比孤独的，她们觉得这个世界没有懂她的人，这个时候，妈妈不如给予女儿全方位的倾听，先打开她的话匣子，让她把苦水倒出来，这样才能找到帮助她的方法，假如让孩子将这一切闷在心里，时间长了，一定会变成难以解决的心病，痛苦会在她的心里越扎越深。

如果孩子一时不知道该怎么说，也不要着急，妈妈可以鼓励孩子将一切心里话写下来，自己以笔友的方式切身体会她的痛苦。这样不但可以缓解女儿诉说的压力，也可以帮助她在抒写的过程中将内心的迷茫宣泄出来；而作为我们自己，也会有更多时间针对女儿的问题进行研究和分析，最终找到原因，帮助女儿找到行之有效的解决问题。

第二，给女儿更多陪伴，换个环境让心灵放轻松

到了周末，无论女儿的作业有多繁重，都要让她先放到一边，牵着她的手带她到户外走走，逛街或是到公园，亲近大自然，总之，转换一下环境，有利于缓解女儿内心的压力。当然，如果条件允许，妈妈还可以带女儿多参加一些集体活动，和快乐的同龄人一起相处，时间一长，女儿在这些正能量的带动下，就会发生改变，或许这个时候迷茫就会随之消散了。

第三，用自己的经历帮助女儿走出迷茫

面对女儿的迷茫，妈妈可以回忆一下自己小时候的经历，并把一些有意思的糗事和女儿分享，暗示她不要紧张，这种内心的迷茫在每一个女孩儿的心里都会存在。同时妈妈不妨为女儿进行选择几本可以调整她心态的书，用文字的力量帮助她，让她在阅读中自己去寻找答案。这个时候妈妈可以和女儿一起享受阅读时光，一边读书，一边喝茶，一边聊天，这样的慢生活可以更好地缓解紧张，让心更踏实更宁静，而在这样温馨的氛围中，很多迷茫和孤独的感觉都是可以在无形中慢慢消解的。

每个女孩儿心中都有属于自己的茫然，但如果及时做出调整，自己仍然可以快乐地活在阳光中，愿每一个妈妈都是青春期女儿的阳光使者，帮助她们作别黑暗，直达幸福与光明。

细数那些让你发脾气的小事

很多妈妈都搞不明白，怎么女儿越长越高，脾气也越来越大了。明明是一点点的小事，就能让她插着小腰火冒三丈。今天觉得这个同学故意找自己的碴儿，明天觉得老师判卷子不公平，后天干脆爸爸妈妈也全错了。这样一折腾，不但自己内心备受折磨，还会伤害身边人的感情。

作为妈妈，我们在看到女儿出现类似的情况时，要先学会冷静处理，不管是女儿发脾气的对象是别人还是自己，首先要先设法让女儿的情绪稳定下来，分析到真正原因以后，对女儿进行有效的引导，让她意识到这样会对自己有多么不利，长此以往，会让自己的人缘越来越糟糕。

豆豆今年十六岁，好强的她学习成绩一直都是班里的前五名，但妈妈最近发现，女儿经常会因为一些小事发脾气，经常是一回家就气哼哼地把书包摔在沙发上，一屁股坐下来在那里生闷气，好像全世界的人都欠她一笔债。

妈妈以为出了什么大事，一问原因无非是今天摸底考试，老师判错了一道选择题；昨天班里本来跟自己特别好的一个同学，今天悄悄跟别的朋友说了几句话，没有顾及她的感受。上午上体育课的时候某个男生玩篮球不小心砸到了她，把她干净的校服给弄脏了。妈妈一听，这些是多大的一点事儿啊，就能把自己气成这样，可豆豆说自己也不知道怎么回事，一遇到这些事情脑袋就一股火一股火地往上冒，根本就没法控制自己。

甚至有一天妈妈也把豆豆给惹着了。那天妈妈做的是面条，可豆豆想吃米饭，豆豆一下子就摔了筷子，冷冷地来了一句：“你自己吃吧！我不吃了。”妈妈莫名其妙地问：“怎么啦？”豆豆没好气地说：“你自己想吃面条你就做面条，我跟你说了好多次想吃米饭，你却非要做面条，你就自己吃吧！我不吃了。”

看到女儿越来越过分，妈妈变得严肃起来：“豆豆，你这样动不动发脾气的毛病越来越严重了。这个世界每天都发生那么多事情，地球又不是围着你一个人转的，哪会样样都让你舒服了啊。你告诉我你究竟为什么总这样？”

这个时候的豆豆也一脸委屈地流着泪说：“你们都不重视我，我那么努力，老师就喜欢全班前三名的学生，眼睛里从来都没有我；我对露露那么好，可她很快就跟别人好上了；还有你，我就想吃顿米饭，你都拿我的话当耳旁风。呜呜呜……你们为什么要这么对待我？”

听了豆豆的话，妈妈语重心长地说：“你知道问题在哪儿吗？你只注意到你自己的感受，从来没有顾及别人的感受。你总希望别人注意到你，都围着你。再有，如果你太在意什么反而会更容易失去什么。其实只要你转变思路，用宽容敞亮的心去面对一切，很快就能把想得到的抓在手里。”

听了这话，豆豆说：“你净骗人，根本就不可能。”

“怎么不可能？”妈妈说道，“从今天开始，你就努力地自我改变，告诉自己，我每一件事情做到自己问心无愧就好了，不管有没有人看到，我都应该开心。对老师，不管他怎么看我，他都是我的老师，我真心地尊重每一位老师；分数高低并不能完全表明我的学习状况，只要自己不断有所进步就行；对于朋友，我真诚地对待生命中的每一个朋友，不管她身边多了多少其他的朋友，我照样友好地对待她。对待妈妈爸爸，我应该感激，是他们给了我生命，而且那么细心地照顾我，我应该更爱他们，即便是生活中他们出现了一些小错误，也不能跟他们发脾气，因为他们对我的爱没有改变。”

听了妈妈的话，豆豆意识到是自己出了问题，羞怯地对妈妈说：“妈妈，我错了。”

其实有些时候，青春期的女孩儿发脾气就是自己的脑袋没有转过弯儿，想拥有心中的期待，却不知道用什么方法获得，越是得不到，越是着急，最终压力积攒下来就变成了脾气。作为妈妈，我们完全可以以谈心的方式引导女儿，告诉她如何去赢得别人尊重和好感，让她尊敬爱戴别人，完善自己。因为当你明白自己无意中乱发脾气会伤害到身边的人时，你绝对不会再这样做了。让女儿明白，用心善待身边的每一个人，她收获的一定是更多的快乐，小脾气自然也就被消解掉了。

自己也不知道为什么烦

“这段时间，我总会时不时地莫名烦恼，却不知道这种感觉是从哪里来的。”一个初中小女生在自己的QQ上这样写道。要说现在青春期的小姑娘，生活中真是表现着各种烦躁，她们自己也不知道为什么，但是心里就是觉得闹腾。真想把自己变成孙悟空大闹一番天宫心里才痛快。很多妈妈有时候会听到女儿在屋里写着写着作业突然大嚷一声：“烦啊！”等到急切地推开门，发现这时候的女儿哪里还在写作业，那个烦劲儿，就差把作业本扔一地了。

年龄越来越大，必然烦恼越来越多。随着学习任务的繁重，再加上青春期女孩儿自身的生理发育变化，这时候的她们很容易出现浮躁烦闷。这时候妈妈不但要注意孩子的身体健康，还要注意孩子的心理健康，适当地调节她们的生活，让她们的内心时刻保持乐观开朗。如果一定要发泄，也要寻找一些健康的发泄活动，这样既娱悦了身心，又不会给自己和别人带来什么负面影响。

君君本是个乐观开朗的女孩子，但一上了初中不知道为什么，情绪就开始越来越烦躁。经常听到她的口头禅：“哎呀，烦死了！”而她在学校和家里也确实经常显露出躁动的一面。

在学校，老师觉得君君学习变得不踏实了，作业的字迹一看就是躁动潦草，做起什么事情总是皱着眉头，不够专注。总是希望能快点做完，从不管质量好坏。在家里妈妈也发现君君每到晚上写作业，遇到自己解不出题的时候，就会在屋子里大叫："我的天啊！要死啊！出那么难的题，烦不烦啊！"妈妈推门去看，君君的课本甩了一床，正坐在桌子上烦躁地看着作业本。

时间长了，妈妈觉得这不是什么好的征兆，必须要给女儿好好疏导疏导。正巧周末，作业不多，妈妈决定带君君去公园走走。路上妈妈就问："君君啊，是不是学习压力太大，特别烦躁啊？"

"老实说现在的学习还没有到压得我喘不过气来的程度，但是不知道为什么，我总是动不动就烦。尤其是快来月经的前几天，那时候的我恨不得把所有的书扔得满天飞，然后到外面尽情地跑，觉得这样自己的情绪才能慢慢平静，我也不知道怎么回事，是不是有病？"

听了君君这么说妈妈笑笑道："哦，我知道我们君君是怎么回事了，就是被压抑拘谨的环境给憋的，其实想发泄也不是什么坏事，把坏情绪发泄出去，才能更积极地面对生活啊！既然功课不是那么紧，妈妈和君君不妨订立一个发泄计划吧！"

"什么发泄计划？"

"嗯……比如君君不是喜欢唱歌吗？如果写作业时觉得憋得慌，就暂时中断一下，大声地唱唱自己喜欢的歌。或者等每天写完作业以后，妈妈就跟君君下楼，到院子里跑上几圈，这样坏情绪随着汗水发泄出去了，心情也就好了。等到了周末，妈妈就带君君到外面玩儿，找一些最尽兴的娱乐活动，把压力全都发泄出去，这样君君会不会就不烦了？"

"好啊！可以试试，其实很早以前我就恨不得冲出去在外面猛跑几圈了。"

就这样君君和妈妈马上按这个计划来做，没过多久就有了成效，老师反映君君学习踏实多了，做事情也比以前认真细致了，而放学回来的君君也不再眉头紧皱，作业写累了，就出来给妈妈唱两首歌，母女间的关系也变得越来越亲密。

女孩儿在青春发育阶段，很可能会出现性情烦躁的问题，假如长时间处于压力状态，又找不到发泄的通道，这种内心躁动感必然会越来越严重。这个时候就需要妈妈及早发现问题，帮孩子找到最适合的发泄渠道，将内心躁动的情绪妥善地发泄出去。

其实，生活中有很多健康的自我发泄渠道，唱唱歌，跑跑步，跳跳绳，或是周末到游乐场尽情地玩玩儿都是不错的发泄方式。这个时候只要妈妈能跟女儿一起努力、一起调整，她们的内心会越来越安心、越来越平静。所以现在就行动起来，用心地让青春期的女儿感受到妈妈的爱吧！相信过不了多久，她们不但能调整好自己的情绪，还会和妈妈无话不谈，更加亲密无间。

别钻牛角尖，条条大路通罗马

要说青春期的女孩儿多多少少都有属于自己的小性子，尤其是特别容易在一些小事上钻牛角尖，钻进去就出不来，越是想不通越是跟自己较劲儿，结果搞得情绪失控，一会儿生气一会儿伤感，甚至晚上觉都睡不着，第二天精神状态极差，疲惫的眼睛都成了熊猫眼。看到女儿这样的状况，作为妈妈的我们怎会不心疼？

这时候有的妈妈说："有些时候我真的想问她发生了什么，可是她哪那么容易就告诉我。每次都是我在那里干着急，这可怎么办啊？"其实，最重要的还是要找到孩子的心结，万事都要抓主要矛盾，看看女儿到底正在什么事上钻牛角尖。其实，只要妈妈能找到症结所在，有针对地转变女儿看问题的角度，让她自己从牛角尖里走出来，心胸定会豁然开朗，内心的种种痛苦就会瞬间消散。其实每个人都会有想不通的事，想不通不妨换一个思路，思路一转，就可能是柳暗花明，作为妈妈的我们应该从小让女儿具备这种能力，这样她们未来的人生路才会越走越美好、越走越顺畅。

成绩优异的楠楠最近遇见一件烦心事儿，在她竞选班级学习委员的时候，本来觉得自己十拿九稳，可没想到公布名单的时候却没有自己的名字，而是一个学习不如自己的同学。这让她备受打击，怎么也想不通为什么。

随后很长一段时间楠楠都一蹶不振，心里这个疙瘩怎么都解不开，总觉得新换的班主任对自己有意见，所以班主任教的数学课也不好好听讲，以此作为报复。回家以后，总是耷拉着脑袋，打个招呼就进屋，有时候还一边写作业一边流眼泪，晚上也是翻来覆去睡不着。看着女儿这两天精神疲惫，情绪低落，妈妈觉得孩子一定是出了什么问题，于是决定跟女儿好好聊聊。

这天楠楠回家后，妈妈做了她最爱吃的饭菜，招呼楠楠坐下吃饭，只见楠楠沉着脸面无表情地坐下。看着女儿不高兴的样子，妈妈关切地问："楠楠啊！最近学习是不是太累了？还是觉得哪不舒服啊？"

"没有，就是觉得新换的班主任很糟糕，看着她就烦。"楠楠皱着眉头说道。

"怎么了？跟妈妈说说，如果需要，妈妈找老师谈谈去。"妈妈继续试探着问。

"你还是不要找她谈了，你找她谈完估计在班里我更没好日子过了！"楠楠说。

"那你也说说到底怎么回事儿啊？妈妈帮你分析分析，出出主意。"妈妈一边夹菜给楠楠一边说。

这时楠楠眼泪一下子就流了下来，一边抽泣一边说："那班主任就是看我不顺眼，竞选学习委员的时候我就感觉到了，默默明明没我学习好，她宁可用她也不用我，后来还经常说我这不好那不好的。我现在根本就不想上她的课，上她课的感觉就像上刑场。"

听楠楠这么一说，妈妈和蔼地笑笑说："嗨！我当是什么事儿呢！要我看啊，你们班主任倒是对你真的不错呢。"

"你还替她说话！"楠楠一边哭一边抱怨。

"不是替她说话，我是觉得她肯定希望你专心学习更出成绩才没让你当学习委员。"妈妈说。

"我不懂，你说说看。"楠楠抑制住抽泣说。

“你看，学习委员要管整个班级的事儿，那得多分心啊。你在你们班里的成绩那么好，老师怎么舍得让你分心啊，肯定想给你更多的学习时间，到时候考试年级大排名，你一下名列前茅，那她多有面子啊，到时候全校都知道你学习成绩好，谁在乎你是不是学习委员啊。要我看是你肯定误会老师了。”

听了妈妈这么一分析，楠楠的心结一下解开了，笑着说：“嗯，我听妈妈的，去它的学习委员，学习好了，考上重点大学才是最要紧的事儿。”

心结解开了，楠楠学习更加努力，尤其是在班主任的数学课上听得格外认真，而班主任老师也越来越喜欢这个成绩优异的学生了。

生活中，有些妈妈看到孩子较真儿，自己也在一边着急，其实大可不必这样，与其在一个点上没完没了地纠结，不如另辟蹊径，正所谓：“条条大路通罗马。”说不定换一种思维方式，就会发现原来事情并没有自己想象的那么糟糕。思维角度换了，心里的路也就通了，那些所谓的心结，不过是自己人生经历中一个最不起眼的思想瓶颈而已。

第四章

让我听听，你的烦恼有多少

女孩儿到了青春期，莫名的烦恼就时不时地闯入她们的世界，尽管在大人看来，那些所谓的烦恼，不过都是一些不足挂齿的小事，可敏感的她们却对此非常较真儿。每当看到她们一脸苦闷的样子，作为妈妈总是要在心里笑她们多愁善感。但随着时间一天天过去，我们却发现这些烦恼给女儿带来的伤害越来越严重，女儿开始焦虑、抑郁，甚至无法入眠，怎么了呢？还是让我们听听她们的声音，看看怎么帮她们解开心里的结吧！

自己都不知道的“抑郁”

眼看年龄一天天增长，学习的压力也一天天增大，孩子难免会时不时地泛起阵阵惆怅。但你知道吗，假如作为妈妈的我们太大意，不知道青春期女儿在面对一些经历时的真实想法，忽略了她们的真实感受，那么时间长了，想不通的事情就会困扰女儿的情绪和思想，让她们痛苦、焦虑，那后果可就严重了。

当青春期的女孩儿在生活和学习中遭遇困难的时候，情绪上都会出现大大小小的波动。乐观的孩子会把这一切看淡些，一会儿的工夫就忘了，但是敏感的孩子却会死死揪住不放，不断地用这些问题折磨自己，还特别容易走极端，她们会经常不断地自问：“怎么别人就没碰上，就让我碰上？”“我怎么就没别人优秀，别人能做出来的题，我怎么就做不出来？”

诸如此类的问题，一次又一次地纠结在她们的内心，不断地刺痛和伤害着她们。时间一长，很多女孩儿的情绪开始变得越来越古怪，不喜欢说话，不喜欢与别人交往，躲避老师和陌生人，甚至会一个人躲在某个角落莫名哭泣，成为同学眼中的古怪女生、老师眼中的敏感姑娘。

试想一下，假如自己家中可爱的女儿变成这个样子，作为母亲心里怎会不着急。可究竟怎么帮助她摆脱这些困扰，又能为她做些什么呢？

桃桃是一个对自己要求非常严格而且非常敏感的女孩儿，学习成绩一向很好，上了初中的她学习很努力，一心希望能以优异的成绩考上理想的高中，因为只有这样自己才能与自己心仪的大学越来越近。但是令桃桃特别烦恼的是，每次考试，数学都会拖她的后腿。尽管桃桃的其他成绩都很优异，但总成绩名次一下就落到班里前五名之外，为此她付出了相当大的努力，但效果甚微，这让她的内心备受打击，头一次感受到什么叫无助。

就这样，桃桃每天都在数学问题上跟自己较劲，性格变得越来越古怪，动不动就生气，而且越来越不愿意跟同学交流，每次见到数学老师，就快速地躲到一边，生怕老师看见自己。下课的时候，同学们都在相互聊天，只有桃桃闷闷地坐在那里，一边算数学题，一边流眼泪。

一个好心的同学忍不住把桃桃在学校的情况偷偷告诉了桃桃的妈妈，妈妈知道后非常担心，决定找个机会好好跟桃桃聊聊。

一天，桃桃放学无精打采地回家，妈妈亲切地把桃桃叫到身边问："乖女儿，妈妈觉得你越来越疲惫了？有什么心里话能跟妈妈说说吗？"听了妈妈的话，桃桃委屈的眼泪夺眶而出："妈妈，每天只要有空闲的时候我就做数学题，我这么努力了，可是数学成绩还是提高不了，我就不明白怎么别人能做对，自己怎么就不行，我到底比别人差在哪儿了？我觉得老天爷在罚我，这个世界为什么要发明数学来折磨我，难道我就因为这门该死的数学上不了我心仪的大学了吗？我怎么那么笨啊！数学快要把我逼疯了。"看着女儿在自己眼前捶胸顿足地哭泣，妈妈心里有说不出的心疼。

"好孩子，数学虽然是我们考试中的障碍，但是我们不能被它吓倒，在妈妈看来，并不是你不能把数学学好，而是你一看到它就有了恐惧感，以至于先被它给你造成的心理压力打败了。要我说，先要放松心情，战胜自我恐惧，然后回过头来再想怎样解题。"妈妈摸摸桃桃的头说，"其实数学也没有那么恐怖，只要方法得当，是可以从中找到乐趣的，妈妈上学的时候就拿数学当游戏玩儿，觉得特别有意思。看来，妈妈有必要为你找一个优秀的数学辅导老师来帮助我们的桃桃找到学数学的乐趣，你说妈妈的建议怎么样啊？"

听了妈妈的话，桃桃一边抽泣，一边点头。于是妈妈为桃桃精心找到了一个经验丰富又性格幽默的辅导老师，桃桃在这位老师的指导下逐步克服了自己对数学的恐惧，顺着老师指引的思路渐渐地体会到了其中的乐趣和奥秘，又过了几个月，桃桃的数学成绩有了明显的提高，她不但不再害怕数学，反而对数学越来越着迷，觉得非常有意思。

就这样，数学再也不是给桃桃成绩拖后腿的科目了，看着自己学分已经稳居年级前三，桃桃的情绪有了很大的改善，性格也越来越乐观了，对待同学和老师也爱说爱笑了。看到女儿彻底地摆脱了抑郁阴云的困扰，妈妈也终于松了一口气。一天，桃桃很认真地对妈妈说："妈妈，谢谢你，以后我再遇到类似的困难，再也不会在心里把它看得那么强大了。其实也没有什么，平和地想办法解决，再阴的天，也会晴朗起来。"

作为成年人，我们会发现，引起家中青春期女孩儿忧郁的原因有时候就是这么简单，当她们觉得对某件事用尽全力也无能为力的时候，那种心中的惆怅就会开始转变为极端的忧郁，以至于死死地把她们困住，给她们的身体和心灵都带来很大的伤害，这时候妈妈要做的就是在语言安抚的同时搞清楚引起女儿忧郁的原因，和孩子一起探讨寻找解决问题的方法。人们常说，三个臭皮匠，顶过一个诸葛亮。相信在妈妈和女儿共同的努力下，一切问题都会迎刃而解，只要心能从忧郁的牢房里解脱出来，打开那扇封闭已久的窗，新鲜的空气就会沁人心脾，抬头一望，原来彩虹就在空中对着我们微笑呢。

让阳光驱散自卑的阴影

不可否认，这个世界上有很多比我们聪明、比我们有能力的强者。正所谓人外有人，天外有天，这是人之常情，但这并不意味这人就要因此而失落自卑，觉得自己没有价值，觉得自己没有优点，只能在生命中拥有平庸的表现。

这个世界最让人痛苦的事情就是比较，而痛中之痛莫过于总拿自己的弱点去跟别人的长处比较。时间长了，这种极端的失落会影响到人内心的情绪，而青春期女孩儿在这个特殊的年龄阶段就常会这样。

她们不爱说话，做什么事情都缺乏自信，尤其是在需要自我表现的时候，却会跑得远远的，生怕别人注意到。要么对自己的容貌不自信，要么觉得自己口才不够好，要么担心自己学习成绩没有别人好，要么觉得自己没有能力赢得别人的认同和支持。总之，她们每天都在不断地自我否定中度过，甚至有些女孩儿觉得自己各方面都不优秀，拿不出手，所以内心越来越胆怯、越来越沉闷，开始越来越孤僻，整个人都趋于自我封闭。

作为母亲，我们可以试想一下，假如自卑的阴影始终在女儿的身上阴魂不散，时间长了必然会影响到孩子的身心健康，说不定还会引起心理疾病，那关系到的就是孩子的整个未来了。那么如何才能有效地帮助青春期女儿消散内心自卑的阴影呢？要想彻底解决问题，作为妈妈的我们首先要成为孩子心中的阳光使者，帮助她挖掘自身的闪光点，让她渐渐意识到自身的优点和别人没有的优秀的特质，找回自信，让阳光驱散自卑阴影。

月月从小就性格内向，到了青春期的年龄，这种内向越发地转变成了自卑。每当班级里开展活动的时候，月月总是不声不响地躲到别人注意不到的角落，每当过节联欢，女同学们彩排节目的时候，月月也总是悄悄地溜号，以各种理由不参加。起初大家都觉得月月怪怪的。老师也特别找月月谈了几次，随着时间的推移，月月的不自信已经到了极度自卑的状态，在她的眼中，自己各方面都不行，没有任何可以拿得出手的东西，她甚至到了开始讨厌自己的地步。这让老师意识到，这个孩子非常需要父母的情感干预和心灵疏导，否则时间长了，一定会影响到月月的身心健康。

于是老师打电话给月月的母亲，听了月月在学校的表现，妈妈很着急，经过一番冷静的思考后，妈妈决定用爱帮助月月找到自己的闪光点。

随后的日子里，妈妈特意拿出更多的时间陪伴月月，周末带女儿去公园参加千人大合唱，鼓励月月大声地唱歌。晚上陪女儿阅读精彩故事时，鼓励月月将故事进行总结概括，再讲给自己听。除此之外，每当月月做完功课，妈妈就会拉着她到健身房去骑动感单车，让月月在动感欢快的音乐中，一边骑车一边挥洒汗水。除此之外，只要月月稍有进步，妈妈就会及时给予肯定和赞美，鼓励月月再接再厉。时间一天天过去，月月的性格有了很大的改善。

一次区里组织作文大赛，月月心里想报名，但又有种种担心。于是她借着学校午休的时间悄悄给妈妈打了一个电话，将自己的担心说给妈妈听。听了女儿的忧虑，妈妈坚定地鼓励月月报名，并对月月说："这个世界上没有打败你的对手，唯一的对手就是你自己。只要你喜欢，就没必要有这么多担心，让心放松下来，就当它是一场游戏。更何况我们月月未必拿不了名次，你忘了每天咱们都会讲那么多的故事，积累了这么多底蕴，不试试怎么就知道自己不可以呢？"听了妈妈的话，月月头一次勇敢地报了名，这样的改变让老师都跟着惊喜起来。

最后，月月的作文竟在区里拿了奖，这是月月从小到大拿到的第一个大奖，她高兴极了，也因此对自己更加有信心了。回到家，她把奖状递给妈妈，用力地抱着妈妈说："谢谢妈妈，如果不是你，我可能永远都不知道自己也可以这么优秀。"

其实，每个女孩儿来到这个世界都是上天恩赐父母的精美礼物，她们带着天赋而来，要将这个世界变得更加美好。然而有些女孩子受到自卑的侵害，这种不自信的感情，会让她们在自我失落中失去绽放的能力。妈妈作为可爱女儿的人间守护者，一定要成为驱散她们自卑阴影的阳光使者，用爱和关心努力去唤醒长在她们身上的那双隐形翅膀，重新恢复活力，在自信的天空展翅翱翔。当这个可爱的小姑娘冲破了自卑的阻碍，重新找到快乐的时候，她一定会为自己的改变而惊喜。而此时作为母亲的我们，一定也会因此而倍感欣慰，笑成一朵幸福的花儿。

怎能让嫉妒影响你的睡眠

青春期的女孩儿尽管嘴上说自己很大气，其实大家彼此心照不宣，都在暗中比较，在各方面相互较劲。假如有一天发现谁谁在某一方面比自己突出，而且自己不管怎么努力都赶不上，小小的嫉妒心就会涌上心头，脸也拉得老长。有些小姑娘还会在同学之间嘟囔，动不动要说一些对方的闲话，以此来消解内心的不快。而有些女孩儿则把这股闷气憋在心里生闷气，最后郁郁寡欢到无法自已，有时，这种嫉妒心折腾得她们整晚都睡不着觉。

看着女儿回家以后闷闷不乐的样子，妈妈怎能不着急。每天孩子学习已经很辛苦了，再被这些糟糕情绪牵绊，身体怎么受得了？那么究竟怎么解决这个问题呢？

首先妈妈要做的就是了解女儿到底在烦恼什么，为什么会因为小小的事情抑郁，以至于受到这样的有害情绪牵绊，反反复复地折磨自己，找不到逃离的出口？在这样的情况下，作为孩子的贴身守护者，妈妈一定是要采取干预措施的，但如何干预才算最智慧的呢？

晶晶是一个在学习上对自己要求很高的女孩儿，每次考试自己必须名列前茅，班中任何一个人都不许超过她，只要超过她，她就会不高兴，把脸拉得很长，一副对这个同学很有意见的样子。

本来这种事情只是偶有发生，晶晶始终占据班中的霸主地位。可谁知道这天班里转来一个新生，这个女孩子不但长得漂亮，学习成绩也非常的好，与晶晶显然势均力敌。这让晶晶一下子压力很大，三次月考下来，这个新生次次成绩超过晶晶，名列班级榜首。这可让晶晶嫉妒坏了，她的心情越来越不好，性格也越来越烦躁，对谁都没好气，尤其是对那个女生更是有意见。

时间一长，晶晶变得对这个新生憎恶起来，接受不了现实的她寝食难安，晚上一定要学习到很晚，她觉得只要自己努力，比新生学得多就一定能争回霸主地位。即使躺床上，晶晶内心的焦躁情绪也难以平复，翻来覆去到凌晨都无法入眠。

看着女儿一天天憔悴，晶晶的妈妈坐不住了，她起初并不知道晶晶是因为什么情绪起了那么大波动，只觉得孩子的情绪和状态不对劲，于是妈妈决定跟晶晶好好谈谈看看到底出了什么事儿。

这天晶晶回家，妈妈把晶晶叫到身边说：“乖女儿，为什么现在妈妈觉得你越来越不在状态？能告诉妈妈到底出了什么事儿吗？”

晶晶垂着眼说：“没什么，就是看班里一个特别会装的人不爽。”

“她怎么让你不爽了，说给妈妈听听？”妈妈继续问道。

“学习成绩好就好吧，还假惺惺的收买人心，有什么了不起的，成绩第一有什么了不起的，我就是不喜欢她。”晶晶不屑地说。

“哦，妈妈知道你的问题在哪儿了。你是因为遇见了对手，她老是能考过你，所以生气了吧？”妈妈问。

“哼，笑话，我生她气，她配让我生气吗？”晶晶的眼神略有躲闪地说。

看着女儿的神情变化，妈妈决定对症下药开导开导她：“晶晶啊！这个世界上有比你厉害的人，这是好事儿，她可以促使你更加地努力，让你整个人生都因为有她们的存在而变得鲜活而精彩。你不是喜欢看金庸的小说吗？里面有个剑客叫独孤求败，一辈子练剑练到炉火纯青，从来就没有遇见过对手，那种感觉真的好吗？未必吧？”

听了妈妈的话晶晶坐在那里不吭声。

妈妈继续说道：“既然知道是好事儿，咱们就没必要嫉妒，而是应该拿出智慧，设法从对方身上不断地吸取自己需要的养分，以一颗谦卑心去向对方求取经验，这样才能知道自己与她差到哪里，然后及时地提升自己，这才是一个进步的过程，也是一个超越的过程。反过来，只知道自己生闷气，不但影响自己的情绪，而且还等于无端地浪费了很多时间，与其在愤恨中嫉妒，不如拿出这些工夫来学习，这样才能看到更好的自己，你说妈妈说得对吗？”

听了妈妈的话，晶晶若有所悟，用力地点点头。

有一位名人曾经这样形容嫉妒的过程：“悲伤和失望引起愤怒，愤怒引起妒忌，妒忌引起恶毒，恶毒又再度引起悲伤，直到完成整个循环。”对于青春期的女孩儿来说，嫉妒这剂毒药的杀伤力是强大的，它像一个魔鬼一样不知不觉地侵害到她们的灵魂，让她们莫名的烦恼、忧伤，徘徊于痛苦和失落之间。这时候作为妈妈的我们应该及时地对她们进行有效的疏导，帮助她们看清嫉妒的害处，逃离嫉妒的羁绊，带着豁达乐观的心继续走自己的成长之路。

其实很多女孩儿之所以嫉妒，大多是一时想不通，只要妈妈帮助她把心结打开，她就会很自然地发现曾经那些痛苦仇恨的想法有多么荒谬，人生最大的对手莫过于自己，不断地提升自己、完善自己，让自己更优秀才是生命中最重要的事。既然最重要的事都做不完，哪还有时间去嫉妒呢？

不想长大

不知道妈妈们发现没有，不知哪一天，女儿开始对长大这件事恐惧起来，在她们的微信里，字里行间中会透露出成长的忧虑，担心自己会过快地长大，不愿意离开父母保护的城堡，却又号称自己渴望自由，在这样的矛盾冲突下，她们经常会独自坐在那里忧郁惆怅，心中默念着："为什么要长大，不要长了，不要长了，就这样，刚刚好。"

看着女儿如此这般忧郁，作为妈妈的你一定会哭笑不得，这种青春期的烦恼在成人看来是何等的奇怪，但这种现象的确存在。那么究竟怎样才能有效地解除女儿对长大的莫名恐惧，让她们更好地度过这段青涩年华呢？说到这里，突然想起了一个妈妈在留言板上的一段留言：

我的女儿最近总是问我一些奇怪的问题："人为什么要长大？""等到我长大以后，你们会不会让我搬出去自己住啊？""妈妈，你说我长大以后得赚多少钱才够花？如果想要赚到这么多钱，我得考一所怎样的大学？"听了这些奇怪又可爱的问题，我起初觉得很有意思，便半开玩笑半认真地说："人长大了，当然是得离开家自己赚钱生活啊，这样才算真正步入成年。妈妈觉得你这么爱花钱，至少也要赚够一万块，否则哪够花啊；可是刚毕业就赚到一万块也不容易呢，所以你当然要努力学习，如果要是考上名牌大学，那可能起点会高一点，但假如你毕业对工作不够努力，不能很好地做出人生选择，不具备独当一面的能力，那就要另当别论了。所以啊，你现在一定要开始努力喽，别到时候手忙脚乱，别说妈妈没有提醒过你。”

听了我的话，女儿的眼睛里露出惊恐、忧郁的眼神。只见她嘴里碎碎地念叨：“天啊，长大这么可怕，我真的不要长大，不要长大啊！”

从那以后，我发现女儿好像变了一个人，她经常在做完功课以后一个人默默地看着窗外，时不时还会吧嗒吧嗒掉两滴眼泪，看见她难过的样子，我走上前边安慰她边询问到底是怎么回事。只见她回过头，伤心地对我说：“妈妈，我真不想长大，但是时间就是这么残忍，每当我听到时钟秒针一点点地走过，内心就会时不时地涌现伤感，我的青春就这样在逝去，而我对这一切却没有任何办法。我必须长大，然后离开家，努力上班赚钱，或许那个时候理想已经成为不值一提的东西，我必须用双手不断的工作，才能赚得面包。”

看着孩子那么惆怅的样子，我真的有点后悔当时跟她开的玩笑。但我转念一想，与其去安慰，不如让她勇敢地接受现实，然后拿出积极乐观的心态，努力地去完善自我，用心地去体会成长，享受成长，这样才能帮助她彻底告别忧伤。

于是我认真地对女儿说：“你这样听着时钟的嘀嗒声忧郁，那无非意味着让自己的这段青春全都从属于忧伤啊！青春的时间只有那么短短的一瞬，你希望留下的是笑容还是眼泪呢？你害怕长大，但你知道长大以后有多少快乐的事情在等着自己？假如你总是惧怕它，将各种可能发生的不愉快提前挤压在自己的心里，等到长大真的来临的时候，本应快乐的自己也会提不起精神了！”

听了我的话，女儿低下头沉默了。当天我拉着她到公园漫步，看着外面美丽的花儿、碧绿的草对她说：“你看这些花草生命只有一个岁月，但就算如此，它们在有限的生命里，无时无刻不在努力地绽放，而如今年纪小小的你，人生才刚刚开始，为什么不能像它们一样振奋精神乐观起来呢？”这时女儿点点头说：“谢谢妈妈，我已经想通了。”

面对女儿的忧虑，作为妈妈深知这不过是青春期的她们又犯了敏感的毛病，她们之所以会这样杞人忧天，主要原因就在于自己不知道未来是什么样子。越是不知道，越是恐惧，越恐惧越是忘记享受今天的美好和经营当下的重要。所以妈妈这时候一定要帮助女儿树立起珍惜当下时光的正确意识，告诉她：“既然未来还很遥远，不如用心在当下打好坚实的基础吧！未来的成功与美好，都是由每一天的当下组成的。”

因此，让我们一同来鼓励孩子，将那句“不想长大”变成“快乐长大”“享受长大”，让她们坚信前程一片光明，坚信只要走好当下每一刻，未来就必将充满幸福而非迷茫。

别为没必要的事过分焦虑

青春期女孩儿经常会因为一些小事儿在心中平添了无比大的压力，这种压力常常会让她们坐立不安，好像天马上要塌下来了一样。但假如妈妈能够平心静气地坐下来一问究竟，就会发现她们所担心的很多事情并不像她们想象的那么糟糕，甚至有些根本就不会发生，可此时的女儿却好似大祸临头，焦躁疲惫，弄得自己连觉都睡不好。这样下去怎么行呢？作为妈妈，这时候一定要及时让她们看清真相，同时帮助女儿缓解压力，不要动不动就给自己平添那么多烦恼。必定天又塌不下来，每天一片晴空万里，何必要为那些不可能的事情浪费自己的青春呢？

小原是个心重的女孩子，这段时间在学校总是担心这儿担心那儿，因为害怕失去朋友，同学叫她做什么，她即便不愿意做，也会去做。怕影响自己在老师心中的印象，上课时候老师提到她的每句话都会让她提心吊胆。一次，全校月考，本来小原觉得自己试卷答得还可以，考场出来刚松了一口气，不料迎面碰上了一脸严肃的英语老师，对小原说："你这次听力怎么回事？我刚才扫了一下你的答题卡，错了那么多，以前从来没有过啊！你得好好反省，多多努力了。’听了这话，小原一下子就给搞蒙了，她暗问："怎么回事？我明明觉得答得还可以啊！这下完了，全班大排名一定是靠后了，英语老师一定不喜欢我了，我该怎么办？以后上她的课怎么面对她啊！”

就这样，小原紧张而颓唐地背着书包回了家，一脸心事的她无心吃饭，也不想看书，一个人窝在沙发里沉默不语。看到小原沉闷的样子，妈妈走过来问她发生了什么事，她把今天学校经历的一切告诉妈妈，随后眼泪夺眶而出：“妈妈，我该怎么办？我明明觉得考得还可以，可是英语老师说我错了很多，我以后怎么上她的课，她以后一定不会给我好脸色了，这次全班排名我肯定要倒数了。怎么办？到时候班主任公布成绩的时候，我该怎么办啊？”

看着小原难过的样子，妈妈宽慰地说：“嗨！我还当什么事儿呢！你要有承受能力，只要自己觉得答得还可以，就不要顾虑那么多，万一老师看错了呢？再说就算这次发挥得不理想，也没必要这么焦虑，这又不是高考，不过是学校的一次常规摸底考试，只要搞清错在哪里，下次不再出这样的错就行了呗，爸爸妈妈绝对不埋怨你，老师也会体谅你的。天塌不下来，倒是你自己要注意身体，万一发下成绩来不是老师说的那么回事儿，自己身体却整坏了，多不划算啊。人一定要学会时刻保持良好的自我感觉，遇到再大的事儿，也要吃得饱、睡得香，这样的人才真正能成大事呢。你一定要向这种人学习啊。”

听了妈妈的话，小原勉强开始吃饭，但内心还是焦虑浮动，发成绩的那天说什么也不敢去学校。看着小原焦虑害怕的样子，妈妈打开小原房间的窗帘对小原说：“小原，看，外面还是晴空万里啊，天也没掉下来啊。你要有勇气接受自己的一切，管它考得好考不好呢，回来妈妈照样给你做好吃的。”听了妈妈的话，小原才又鼓起勇气，背起书包走出家门。没想到刚到学校就碰到英语老师眉开眼笑地走过来对她说：“小原啊，这次考得真不错，上次是老师看错了，你这次得了 98 分呢，一定要继续努力哦。”听了老师的话，小原简直不敢相信自己的耳朵，心中的焦虑顿时烟消云散，她一蹦一跳地走进教室，整个一天都过得无比快乐。

著名作家马克·吐温说：“我的一生曾经历了很多糟糕的事情，其中只有一部分事情真正地发生过，其他糟糕的事情都是我们想象出来的。”青春期的女孩儿生性敏感，总是会把事情往悲观糟糕的地方想，却忽略了天上依旧温暖的阳光，身边还有永远爱她们的父母。其实，一件事情既然发生了，就没必要纠结担心，能改变就去用心地改变它，不能改变就张开双臂接受它，把生命中每一段经历都当成是自己生命中不可多得的成长经历，用心去体会，坦然去面对，然后整理行装继续带着微笑，活出精彩每一天。

第五章

别这么敌对，你知道父母有多爱你吗

女孩儿到了青春期，突然与妈妈之间的关系慢慢疏远，更令人难过的是，有些女孩儿竟然与妈妈出现了敌对情绪，不管是做什么都对妈妈加以防备，尤其是那个日记本，更是不知道藏在哪里好，稍有不慎被妈妈看到，还要对其加以警告："这是我的个人隐私，你不能侵犯。"这让妈妈不禁一愣，想象和女儿从小的和睦关系，心中怎能不难过。作为妈妈应该怎么处理呢？总而言之，调整相处方式，让女儿知道自己对她的爱吧，整个世界没有什么是用爱化解不了的。

我不会偷看你的日记

青春期的女孩儿总是有很多青涩的小秘密，她们常常会偷偷地将这一切写进日记，用各种漂亮的贴纸、照片装扮页面，然后再配上自己最喜欢的诗。此时的她们情感是丰富的，有淡淡的忧愁，也有缠绵的情感。她们对外界的一切事物都充满了敏感的味道，尽管经常要面对各种各样的困惑，却不愿意把那片私人的空间拿出来与别人分享，尤其是父母。

其实作为妈妈，看到孩子有这样一本上了锁的私人日记，不用想也能对其中的内容略知一二，无非是同学老师的一些事，或是发现自己对某个男孩儿产生了好感，再延展一点，没准儿是一些想偷偷对明星偶像说的悄悄话，如果思想境界能够升华一些的话，说不定是一些电影图书中精彩片段的感想，当代流行歌曲里的欢乐与悲伤，除此之外，想让她们再怎么发挥，估计也高不到哪儿去了。但是说心里话，作为妈妈有些时候心里还是想看，怕女儿万一遇见了一些困惑和问题，假如她一直不说自己一直不知道，出了事情就后悔莫及了。

但即便是这样，这里还是建议妈妈不要触碰，既然女儿把那视为私人空间，作为大人还是要给予最起码的尊重的，否则造成逆反，影响了母女关系，那可就得不偿失了。想和女儿零距离沟通的方法很多，只要妈妈能动用自己灵巧的智慧，我们可以向她们保证永远不会偷看她们的日记，让女儿放心，因为聪明的妈妈知道有更好的方法让女儿自己说出心里话。

小娅最近偷偷地建立了一块私人领地，这个私人领地就是一本装饰得非常漂亮的上锁日记。每天她都会小心翼翼地打开日记本，一边张望妈妈有没有来，一边自己偷偷地在日记本上写，假如这个时候妈妈端着水果进了房间，她很快就把日记本合起来，装作一副若无其事的样子，左翻翻右看看，一脸的不自然。

看到小娅总是这个样子，妈妈转过身去对小娅说："你想写什么就写什么吧，妈妈肯定不看，这样藏来藏去的多别扭啊！不就是那点心里话吗？你想告诉妈妈的，一定会说；不想告诉的，妈妈也不问。妈妈觉得你早晚有一天也会告诉妈妈的。"

听了妈妈这么一说，小娅略带羞愧地低下头，说："其实我也没写什么，就是不愿意让人看到，既然妈妈不看，我也就放心了。"

"嗯，那以后你能不能多陪妈妈聊聊天啊？妈妈都尊重你的隐私了，小娅是不是也应该照顾一下妈妈的心情，多和妈妈沟通，不要老躲着妈妈，让妈妈过于寂寞啊？"妈妈摸着小娅头说。

"好的，学习不忙的时候，我一定陪妈妈聊天。"小娅点点头。

从那以后，小娅写完作业，都会抽出一些时间跟妈妈聊聊，起初小娅只是随口聊聊学校里的事情，后来发现和妈妈聊天真是有趣，妈妈会说到很多好玩儿的见闻，也会给小娅介绍一些她从来没有看过的书，甚至就算小娅跟妈妈聊动画片，也能收获很多宝贵的知识。

于是慢慢地小娅写日记的时间少了，经常带着各种问题跟妈妈聊天，然后急切地将聊天的心得写下来，害怕忘记了最精彩的部分。再后来，小娅发现自己的日记本上全都写满了妈妈的话，每每翻开都让她感动，而当翻到最后一页的时候，她无比认真地在日记本上写下了一个愿望："以后一定要把妈妈的话写成一本动人的书。"

小娅的妈妈是智慧的，她非常清楚如何才能真切地了解女儿成长的经历，甚至有这个能量，让小娅在快乐轻松的状态下将自己心里的话一股脑儿地全部说出来。同时妈妈还有效地调动了小娅学习的积极性，让交流变得越来越生动有趣，以至于小娅根本就不想错过每次的盛宴。最终结果大家都看到了，小娅从此日记本的内容满满的都是妈妈温馨的关怀和爱，以至于反复读都回味无穷，这里一定承载了她很多的思考和困惑，而聪明的妈妈就这样无形中把这一切聊成了经典的对白和美丽的诗。

这时候或许有些妈妈会说：“我没有人家那样的才情怎么办啊？”这里要告诉你的是，伟大的母爱一定会让你提前做功课的，这样，在与女儿交流的同时也丰富了自我，让女儿在快乐中成长，只要你有恒心，这不是一件难事。

用书面交流化解对抗

青春期的女孩儿也是有脾气的，真要发作起来，说出的话也会很过分，就算是每天与她朝夕相处的妈妈，有时也会接受不了。当面对女儿无厘头的抱怨和吼叫，很多妈妈都会难过伤心，有的妈妈则报以吼叫，甚至有些表现得要比女儿还要愤怒暴躁。其实吵架不可怕，可怕的是我们都把对方情绪激动时说的话当了真。于是在经历了一场争吵以后，家中会出现很长时间的沉默，各自有各自的伤心，各自有各自的愤怒，谁也不愿意主动跟对方说话。

那么面对这样的情况，应该如何化解呢？倘若这个时候对直接走进屋子寻求彼此的谅解还拿不出十足的勇气，那么不如将自己的心里话都写在纸上，趁其不注意的时候，偷偷放进房间，这样一来妈妈自然就成了女儿的隐形笔友。

洋洋这天因为妈妈没有给自己买一条自己认为很漂亮的裙子而生气，以至于两个人从开始的你一言我一语到越说越激动，只见洋洋一把甩开了妈妈的手说："你就是抠门，不就是一条裙子吗？我不要成了吧！我现在是手心向上的人，得低三下四求着你，谁让我现在赚不了钱呢？"

"你这孩子怎么说话呢？就算你赚钱了也不能乱花啊！你看看你衣柜里这样的裙子都多少条了？全都堆在那里，每天都不收拾。"

妈妈和洋洋两个人谁也不理谁，各自干各自的事情。此时的妈妈心里非常难过，她没有想到自己的女儿会因为一条裙子跟自己说这么伤人的话。当心平静下来，她开始回忆整个事情的经过，思考自己的教育有无不当之处，于是她摊开纸给女儿写了这样一封信：

亲爱的女儿：

今天发生了这么不愉快的事情，想必你的怨气还没有消吧！其实妈妈并不是不希望你漂亮，也并不是舍不得花钱，而是觉得你现在还在上学，周一到周五都要穿校服，而且，你的衣柜里有这么多漂亮的衣服可以选择，如果再买，那无异于资源浪费。假如咱们将买裙子的钱省下来买一套自己最喜欢的书，是不是更有意义？随着年龄的增长，你一定要明白手里的每一分钱都是来之不易的，我们要把钱花在最重要的事情上。同样的钱它可以是一些好吃的东西，可以是一条漂亮的裙子，也可以是一套自己一直想看的书，妈妈觉得你一定会选择第三个。所以，如果你同意的话，明天妈妈就给你用同样的价钱买一套外国名著合集，你说好吗？

你是妈妈唯一的女儿，妈妈渴望的是能够给你最有价值的东西，所有的妈妈都想给女儿最好的、最需要的，而我又何尝不是如此呢？

所以不要生气了！注意早点休息！

爱你的妈妈

信写好后，妈妈把信整理好放进信封，趁洋洋去卫生间的时候平平整整地放在了她桌上，然后转身继续到客厅看电视。

洋洋回来发现桌上的信，打开来仔细阅读，越是看到后面，嘴角越是泛起了惊喜的笑容。她放下手边的作业，也悄悄地给妈妈写起信来。

亲爱的妈妈：

今天是我做得不好，我不该向您发脾气，我觉得您的建议很不错，我盼望这套书已经很久了，比起漂亮裙子，这套书更有意义。您说得对，钱要花在有用的地方，我对您的智慧深为赞叹，以后还望您在我用钱的时候多多提出宝贵意见哦。

我早就不生气啦！您也要注意休息哦。

爱您的女儿洋洋

信写好后，洋洋也趁着妈妈去厨房收拾的空档将信放在了茶几上，然后一溜烟地跑回屋里。妈妈回到沙发前看到茶几上女儿的信，便迫不及待地打开阅读，一边看，一边露出了欣慰的微笑。母女之间就这样和好如初了。

其实每个人都有爆发的时候，青春期的女孩儿也不例外，生气的时候有些话是有口无心，所以妈妈也没必要当真。假如心里还有什么过不去的结，不妨像洋洋妈妈那样把心里话写下来，一来，内心可以经过一番审慎的考虑；二来，这种纸面上的交流也可以很好地保留彼此的面子，相互之间也留有和好的余地。两个人都可以在阅读的过程中更真切地了解彼此的想法，并深深地体会到亲情的爱与包容。每个人平息内心的愤怒都需要一段反思时间的，需要有个台阶下，这时或许大家都会意识到，在给彼此留足面子的同时，继续维系好今后的亲子关系是一件多么重要的事。

唠叨改不掉女儿的毛病

所有的女孩儿都不喜欢妈妈的一个坏毛病，那就是没事儿总爱唠叨。作为母亲其实我们也理解，想当年自己和她那般年纪的时候，对于妈妈的唠叨也是一样，直到长大成人以后才慢慢意识到原来那唠叨是多么幸福的旋律。尽管当下的我们懂得了蕴含其中的满满母爱，但此时年轻气盛的女儿必然是怎么也欣赏不了、理解不了的。因此，这时候我们不妨对女儿多些宽容之心，想想自己的当年，再回头看看一脸懵懂的她们，心胸自然就开阔豁达了。

或许这时候有些妈妈会说："可女儿那么多问题，不说怎么办？除了当妈的会告诉她，其他人就算看了也不会说的呀。"这里面就牵涉到妈妈与女儿的沟通技巧问题了。作为母亲的我们有没有注意到，有些时候即便自己说了很多次，女儿还是没有什么根本的改善，而有时候自己不过是无意中的一点，女儿却能把事情做得很漂亮，其中的差别往往就在于我们引导女儿的方法是否恰当。

曾经就有一个母亲在留言板上写下了这样的内容分享：

和所有的妈妈一样，我对女儿生活中的很多问题感到烦恼，一进到她那凌乱的房间，就会感到烦躁，忍不住要再三地批评她。每次面对我的批评时，她总是很烦躁，嘴巴一直嘟囔着说我烦，一天到晚就知道叨叨，就因为这件事我们俩不知道吵过多少回。

当时的我很烦恼，心里想："听我唠叨的你都烦了，怎么还不改呢？要我说多少遍你才肯改，假如你真的改了，我还会唠叨个没完吗？简直就是成心要把我气死啊。"可事后我坐下来仔细分析原因，为什么说了女儿这么多次她还是不改，问题到底出在哪里？

于是我回想起我小时候，那时候母亲也总是针对问题不断地指责我，老实说当时的自己也是不爱听的，为了不让母亲再唠叨，自己甚至能干出能晚回家就晚回家的事情，当时也让母亲烦恼不已。想到这里，内心诸多的抱怨一下子都放下了，我告诉自己："女儿现在的阶段，就和自己当年一个样儿，正是叛逆期，不愿意被人直接点击缺点，所以，首先，要先从心里体谅她、宽容她。其次，是不是可以调整与她的沟通策略，用更柔和、更友好的方式针对问题与她交流呢，这样的改变会不会更有效果呢？"

于是我果断地做出调整和尝试，当再走进女儿凌乱的屋子时，我努力压抑住自己内心的烦躁，笑着对她说："今天比以前屋子要整齐一些啊！"女儿听了先是一惊，她环顾四周，好奇地问："哪里整齐？"我点点床说："喏！就是这里了。被子铺得还比较平嘛。"听了这话女儿笑笑摸摸脑袋说："是吗？我都没意识到。"

于是我顺手坐在她床边对她说："对了，你上次跟我说那个明星妹妹叫什么来着？特别漂亮。"女儿诧异地说："哪个，我早就忘了，你怎么对追星感兴趣了？"我听了摊开手说："我上次在网上看到了她的家，收拾得特整洁，小姑娘的房间就应该那样嘛！你那么喜欢她，这方面也应该向她学习。我就觉得我们家姑娘吧，要个儿有个儿，要模样有模样，也不比她差到哪里，要是能够把自己房间整理好了，估计以后比她发展还要好。你说对不？赶紧收拾收拾，一会儿打扮漂亮跟我上街，咱们去超市看看，顺便到街边小店淘淘漂亮衣服。"

听了这话，女儿的眼睛顿时亮了，她二话不说，开始利索地收拾房间，嗬！过一会儿我一看，收拾得还真不错。从那以后，我发现女儿注意整理自己房间了，不用我说，她就会及时将书码放整齐，将床铺平整，这让我心里有了很大的成就感，所以我决定从今以后，把女儿看作一个朋友，没事儿跟她多聊几句闲天，期间把问题点给她就好了。再也不跟她唠叨了。女儿大了，她也是个有悟性的人，或许以后那样管教式的话是应该终结了。

看了这位妈妈的分享，作为母亲的你是否也被深深地打动了呢？对于青春期女儿身上的毛病，一味地唠叨肯定是不明智的，假如唠叨来唠叨去收效并不大，那为什么还要将这样的沟通方式进行到底呢？作为母亲的我们最希望能够把话说到女儿的心里。其实，随着女孩儿的一天天长大，她们对是非好坏是有自己的判断和悟性的，正所谓忠言未必逆耳，假如几句闲聊就能让女儿欣然接受，何必要让她再堵着耳朵抱怨我们无休止的唠叨呢？

真心想成为你的好朋友

青春期的女孩儿看起来活泼可爱，其实也有着孤傲的一面，只要妈妈用心观察，就会发现，她对于身边的朋友，没有一个是百分之百满意的。正是这样，导致她们的情绪时好时坏，今天这个朋友说了几句没走心的话，她觉得受伤害了，明天那个朋友做了一个动作让她不舒服了。总之，在她的心里，对别人的要求越来越高，却从来没有静下心来反观一下自己。

同样对于父母也是如此，尽管爸爸妈妈是女儿最亲的人，但真要问到她是否对家中的这两个大人满意，一定是频频摇头的。因此，作为细致的母亲，我们会发现女儿越大跟自己的话就越少，除非到了生活费不够的时候，才不情愿地伸出手，其余的时间一般都闷在屋子里，这真的令我们家长烦恼。不过话说回来，如果有一天女儿闷闷地对你说，自己其实一个知心朋友都没有，作为妈妈有没有勇气对她说你愿意成为她最忠实的好朋友呢?

这段时间默默心里不痛快，原因是她和班里最好的朋友欣欣闹了别扭，默默觉得自己很相信欣欣，就把心里的小秘密告诉了她。可没想到欣欣却拿着这个秘密在大庭广众之下开默默的玩笑，这样默默一下子就接受不了了，她开始怀疑她们的友情，因此情绪低落，觉得世间根本就没有什么所谓的知心朋友。

回到家，默默一声不吭地沉着脸，吃饭的时候也低着头不说话。妈妈问默默怎么了，默默一脸茫然苦闷地回答："没什么，就是觉得这个世界上根本就没有真诚，就好像有位名人说的话：'朋友是用来出卖的。'我就是太傻，总是相信别人，总是相信友谊能地久天长，所以才落到今天这样的田地，以后我长记性了，这个世界上没有我可以相信的人。"听了默默如此唠叨，妈妈觉得女儿一定是在交友上出现了问题，于是问默默："是不是跟哪个朋友置气啦？"默默委屈的泪水一下子流了出来："我再也不相信欣欣了，她竟然拿我的秘密在公开场合开玩笑，根本不在乎我的感受。"

听了默默的话，妈妈摸摸默默的小手说："默默啊，同学朋友之间一定要大度，每一个朋友都有每一个朋友的特质，每一个朋友都有每一个朋友的脾气，你无法让每一个朋友满意，同样每一个朋友也无法让你都满意啦！要我看欣欣可能是一时没注意，没过脑子就把话说了出去，这点小事过去就过去了，不要太放在心上。"

听了妈妈的话默默擦擦眼泪说："妈妈，您说世界上有值得相信的朋友吗？我现在真的谁都不敢相信了。"

"有啊！"妈妈和蔼地笑笑说，"只要你诚心相待，相互包容，会有许多好朋友的。你还有妈妈！妈妈就是你的忠实听众，是你永远的大朋友，你有什么心里不痛快的就跟妈妈说，咱们一起商量怎么办！妈妈又不去见你的同学，很多事情都能为你保密，而且时不时灵感一闪现，还能给你出好主意，你信不信？"

听了妈妈的话默默沉默了一会儿说："得了吧！你回头有什么事儿又告诉爸爸了，回头你两人再给我开会，那我家里、学校都没好日子过了，我看啊，还是自己消化吧！"

这时候妈妈真诚地说："默默，妈妈是真诚地希望成为你的好朋友，假如你怕妈妈告诉爸爸，那咱们签一个君子协定，绝对不让爸爸知道，而且假如默默觉得当面跟妈妈说不好意思，可以通过微信或QQ跟妈妈沟通，哎！对了，我们可以建立一个只有咱们俩的微博网站，到时候把心里话写在上面，没事儿的时候可以打开看看，你说是不是很好呢？”

看着妈妈如此真诚，默默开始动心了，她笑着点点头说：“那就试试吧！你就扮演成知心姐姐的样子，不，应该是知心妈妈。”

都说女儿是妈妈的贴心小棉袄，其实妈妈是女儿生命中第一个有血缘连接的大朋友，每一个妈妈都希望女儿能够在自己的庇护下快乐健康地成长，但最关键的一点就是要拿出自己的真诚与她建立最亲密的友谊关系。假如女儿小的时候，妈妈是她抬头仰望的人，那么进入青春期长得越来越高的她们最渴望的是能够与妈妈平等相待，这样自己才更容易掏出心里话，而不会担心妈妈忽然板起脸端出大人的架势训人。

所以作为妈妈，我们不妨站在她们的角度思考问题，与她们真诚地聊到一起，玩儿到一起，这样不但能够很好地掌握女儿的成长心理，而且在她们眼中，自己的妈妈也永远都是那么年轻、那么有活力。

离家出走是绝对不能做的

每个青春期女孩儿都有点儿倔脾气，尤其是跟父母闹别扭时更是任性到让人无法接受的地步，各种伤人的话随口就出，全然不顾父母的感受，假如这个时候爸爸妈妈愤愤地质问：“从小把你养大，吃不用你愁，喝不用你愁，现在还跟我较劲，说这么伤人的话……”对方说不定会毫不客气地摔门而出，半天也不知道去了哪里。

女儿这种表达自己的不满方式常常让作为父母的我们很伤心，但除了伤心以外更重要的还是担心她们一人在外身无分文，会不会出什么事情，于是过一会儿就开始坐立不安，假如这时候矫情的女儿再赌气不接电话，那作为父母的焦急心情就可想而知了。

梅梅在网上看到一条特别心仪的裙子，于是缠着妈妈给她买。妈妈看了以后却说：“家里已经这么多衣服了，你平时上学又穿不着，买那么多干吗？”

“妈妈，求你了，就一件，我以后三个月不买衣服了还不成？”梅梅央求道。

“不成，别跟我说这个，上个星期你也是这么说的，这次说什么也不行。”妈妈坚决地说。

“抠门儿死了，也不知道你赚那么多钱都给谁了，一条裙子都舍不得给买，你怎么知道买化妆品，上班穿花裙子啊，爱美之心是平等的，我要条这么便宜的裙子你都不给买。你就知道给自己花，太自私了。”梅梅没好气地嚷道。

“我上班穿着得体是工作需要。我现在供着你吃、供着你喝、供着你上学，你说钱都哪去了？你现在小小年纪不知道赚钱的辛苦，你以为父母的钱是大风刮来的？想怎么花就怎么花？越花还越有是怎么着？”妈妈也生起气来。

梅梅听后，猛地站起来哭着夺门而出，一边摔门一边嚷道：“好，我不花行了吧，我再不回来了，你抱着你的钱过吧！”

看着女儿夺门而出，妈妈气得一屁股坐在沙发上，半天说不出话。时间就这样一分一秒地过去，梅梅始终没有回来，妈妈看看表，已经是晚上9点了，于是心里开始着急，想着女儿在外面不会真出了什么事儿吧！于是开始挨个儿给梅梅的同学家打电话，结果同学都说梅梅没有来。于是妈妈着急得报了警，然后自己也跑出去找。终于在晚上11点的时找到了梅梅。此时的梅梅一脸疲惫，心里充满了对黑暗的恐惧。看到妈妈的身影，一下子抱着妈妈哭泣起来，起初的暴躁脾气荡然无存。

这个时候妈妈也心疼地说：“你说你这是在惩罚谁啊！到头来伤害的除了你自己就是和你最亲的人，你让妈妈这么着急，心里就真的舒服吗？以后可别这样了。”

听了妈妈的话，梅梅明白地点点头。然后母女俩手拉着手走在了回家的路上。

青春期的女孩儿叛逆，爱闹脾气，加之受到一些社会上不良风气的影响，以至于最终出现与父母发生冲突的情况。作为妈妈，这个时候一定要自我控制，即便争执得再厉害也不要放纵女儿离家出走的行为。一旦发现女儿有这样的举动，就要及时加以控制，并用正确的理念引导她。要让女儿明白："离家出走不是什么明智之举，伤害的永远是她最爱的人。"其实这话一说出来，很多青春期的女孩儿就会明白，毕竟她们正在一点点地走向成熟，是具备一定明辨是非能力的，让她们知道父母对她们的爱，与她们达成共识，从此这种以离家出走惩罚爸爸妈妈的行为，就永远不会发生了。

第六章

我的意见要说，但会尊重你的意愿

每个妈妈都希望自己的女儿是个有主见的姑娘，在青春期这个阶段，每个女孩儿都有自己的心思和主意，那么作为妈妈的我们应该怎样应对呢？其实，女儿迟早会长大，今后一切事情、一切决定都只能靠她自己。与其让她到那个时候难以自立，不如从现在就放开手脚，让她按照自己的意愿做出选择。我们可以说出自己的意见，成为女儿的得力军师，但永远不要代为行之，否则时间长了，结果不是她对你过分依赖就是逆反，都是得不偿失的。

委婉点，知道你也是要面子的

日常生活中最让妈妈头疼的事莫过于女儿听不进去自己的劝告。很多妈妈信守着“良药苦口利于病，忠言逆耳利于行”的原则，对女儿身上的问题总是直言不讳地点出来，从来不加任何修饰。而正处于叛逆期的女孩儿，怎能听进去这么厉声厉色的忠告。所以每次发生这样的事情，永远是不欢而散，要么女儿低着头关着门不说话，要么就是妈妈越说越生气。

其实，妈妈之所以对女儿问题直言不讳，主要原因还是认为女儿是最亲近的人，没必要拐弯抹角，都是为她好。既然直截了当的方式不见成效，不如改变策略，用更委婉的方式说明自己的意见，毕竟每个女孩儿都是要面子的，尊重她们的面子，才能让她们更加安心地听取意见。必定不论是谁，都不喜欢别人劈头盖脸的批评，有什么话好好说或许要比严厉说更有效果，适时赞美，适时肯定，一边闲聊，一边阐述意见，不知不觉中女儿自然会发生改变。

最近菁菁迷上了看韩剧，每天放学回来什么都不干就先打开电脑，一集连着一集疯狂地看，直到已经很晚才想起今天的作业没做，这才开始点灯熬夜，敷衍了事。第二天只好迷迷瞪瞪打着瞌睡去上学，如此这般循环往复，气色越来越差，精神也越来越疲惫。

看着菁菁这个样子，妈妈怎能不着急，尤其是看到菁菁一集一集追剧影响学习的时候，妈妈更是气不打一处来，恨不得一把关上电脑，好好把她教育一番；但自己一个人的时候又想，女儿眼下正是青春期，逆反心理很强，如果这个时候自己贸然行事，不但她不会听，而且还很有可能变本加厉，一切都不顾及。与其如此，不如保全她的面子，改用委婉的方式跟她好好聊聊，说不定效果会比自己正颜厉色来得更快更好。

于是等菁菁放学回家一如既往地进屋打开电脑时，妈妈端着一盘水果和零食走进屋子说："菁菁啊，吃点水果和零食吧！"起初菁菁很诧异，不知道妈妈今天态度为什么那么好，便笑着说："好啊！放那儿吧！"

妈妈一边把水果和零食放在桌子上一边问："看什么剧呢？"

"韩剧！马上就要收官了。"菁菁回答道。

"我也看看！"于是妈妈坐在了菁菁旁边。

正当看着优秀的女主角和男主角有情人终成眷属的时候，妈妈感慨道："唉！什么时候菁菁也能像女主角这么优秀就好了，那时候妈妈可就放心了。"

"会有这么一天的。"菁菁一边看一边神采奕奕地说。

"可是你看人家女主角可没天天坐在家里看电视，一流大学毕业，工作成绩骄人，而且还在不断地看书学习，每天过得都那么充实，可是你看你，每天该学习的时候，都把注意力集中在她身上了。妈妈倒不是说看韩剧不好，但是总觉得菁菁这么漂亮，以后要想有出息一定是有很多更重要的事情要做；如果注意力全都集中在韩剧上，那不就等于在浪费时间吗？菁菁啊，假如未来有一个像男主角一般心仪的男孩子在未来等着你，你却因为把时间浪费在看韩剧而没能很好地完成学业，最终与他失之交臂，你不觉得可惜了吗？"

听了妈妈的话，菁菁放下了零食，沉默良久，自觉地关上电脑，开始认真地写作业。更令妈妈开心的是，从此以后，菁菁毅然戒掉了自己的韩剧瘾，将全部精力投入到学习中，成绩有了突飞猛进的提高。每天临上学前的她还会精神抖擞地跟妈妈做一漂亮手势，嘴里喊着："为自己美好的未来，拼啊！"

本来妈妈是想义正词严一番，但还是选择了用委婉的方式提出自己的意见，最终效果甚好。其实，妈妈在与女儿相处的过程中，没有什么大事儿是值得母女之间大吵一架的。有问题很正常，好好说，才能好好调整，其实作为青春期的女孩儿，之所以有时会表露强硬，主要原因还是不想失去自己的面子，觉得问题被人赤裸裸地点出来是件有伤颜面的事情。只要妈妈了解到这一点，能够在尊重孩子面子的情况下，把话说得委婉点儿，表现得更和气一点儿，说不定女儿会改变得更快，问题也就在无形中迎刃而解了。

不想说，不妨先聊点儿其他的

青春期的女孩儿大多都有自己的小心思，有些事情虽然不是什么大事儿，但也不希望让父母知道。在这个阶段的孩子觉得自己长大了，完全有能力处理好自己的事情，所以即便是妈妈关心地问这儿问那儿，她们照样会说自己一切都很好，没什么需要妈妈帮忙的。可孩子毕竟是孩子，一旦在这个青春期特别阶段有了困惑不知道怎么解决，又自己闷着不说出来，时间长了就很容易造成心理问题，假如到那个时候再发现，那可就为时过晚了。

所以，妈妈在女儿这个特殊的阶段一定要学些沟通技巧，让女儿在自己的智慧引导下，心甘情愿地说出自己的小秘密，以便能及时掌握女儿的心理动向，帮助她们解决困惑。当然，万事开头难，想一下子就让女儿没有顾虑地打开话匣子是很困难的。作为母亲，千万不要急于听到女儿的应答，假如有些事情暂时不想说，那就先放一下，舒缓她的压力，先聊聊其他的事儿，说不定聊着聊着，女儿就会放下防备，和妈妈畅聊无阻了。

最近苗苗好像变了一个人，一进门就把自己关进屋里，每天面对妈妈的时候都躲躲闪闪的，这让妈妈产生了怀疑，怎么好端端的，孩子就变成这样了呢？妈妈决定有必要和苗苗好好聊聊。

于是，这天苗苗回家，刚要进屋就被妈妈叫住，只见妈妈和蔼可亲地说：“苗苗上学累了吧，来，和妈妈聊会儿天。”

一听这话，苗苗一脸不自然，但既然妈妈说了，自己又不好不听，于是放下书包，跟妈妈一起坐在沙发上。

看着女儿紧张的样子，妈妈心里想：“孩子现在已经这么紧张了，即便是真的在哪些地方犯了错，也不要责怪她了，主要还是先把事情搞清楚，帮她解解压，让她快点放下心里的担子，要不一定会出心理问题的。”

于是妈妈有意扯开话题，打开手机说：“苗苗，今天妈妈在淘宝网上看到一个文具福袋觉得挺不错的，里面有很多进口的文具，样式都很漂亮，价格也合理，你看看喜欢不喜欢，如果觉得不错，妈妈就帮你拍一个，眼看你又快过生日了，就当它是你的生日礼物吧！”

听了妈妈的话，苗苗眼睛一亮，急忙凑过去看，发现这个文具福袋正合自己心意，嘴角露出了快乐的微笑，方才的紧张情绪缓和了很多。

这时妈妈又借机问道：“苗苗，今天我在路上碰见芳芳了，她好像很不开心的样子，情绪很低落，到底是怎么回事啊？”

“她啊！她这次月考没考好，她妈妈说假如这次总成绩再提高不了，就断她的零花钱，你说她能开心得了吗？”苗苗说，“听说她妈妈为她请了个很贵的家教，可还是见效不快，其实我觉得可能是那个家教不适合教基础薄弱的孩子，她要是能跟她妈妈谈谈这件事，换一个擅长教基础的家教肯定就好了。”

“那如果你遇到这样的事儿可一定得跟妈妈说，妈妈绝对不会随便地惩罚你，关键是妈妈只是希望自己能第一时间知道你心里有什么担心或困惑，因为这个世界上没有谁比妈妈更爱你的了，假如你跟妈妈说了，我们一起解决问题，至少到时候苗苗不至于一个人痛苦面对吧！”妈妈语重心长地说。

听了妈妈的话，苗苗悬着的心一下子放了下来低着头说：“妈妈，其实这次月考，我数学也没考好，一考完我就有感觉，两道几何题没答上来，而且时间也不够，至少得丢十多分，再加上前面多多少少的错误，估计成绩不会好。所以特别怕您问我，不过您这么一说我心情放松了很多，不过我会更加努力的，下次月考一定会把数学考好的。”

听了苗苗的话，妈妈点点头，摸着苗苗的肩膀说：“一次考试失利算不了什么，别给自己那么大压力，如果需要妈妈帮助就告诉妈妈，不行咱们可以报个网校，或者请个专业老师来帮你提高一下学习成绩，相信很快你就会有进步，我相信我的女儿那么聪明可爱，绝对没问题，对吧？”

听了妈妈的话，苗苗的眼睛里充满了感激，她重振精神，又开开心心地进屋学习去了。

要说青春期女孩儿心里的那点事儿，都不是什么大事儿，只不过是在那个特定时期觉得很重要罢了。面对她们这样的心理困惑，妈妈最好的引导方式就是张开宽容的怀抱去接纳她、理解她，我们要用自己的实际行动告诉女儿：“妈妈在乎的不是你的错误，而是你的成长和心理健康。所以不必要给自己那么大的心理压力。”同时，如果女儿真的不知道怎么向妈妈开口，我们就不如先撇开话题不谈，和她聊一些轻松减压的事情，等到孩子彻底放松了，自然会打开话匣子，那时候再一边听，一边想办法帮孩子解决就容易多了。

给你参考，但选择权在你

女孩儿一天天长大，很多事情希望能够自己来做决定。已不是什么事儿都跑过来请示完妈妈再去做的时候了，而今她们觉得自己长大了，可以为自己做出决定，询问妈妈意见的时候就越来越少了。起初这会让很多妈妈很失落，觉得自己失去了在女儿心中举足轻重的位置，但只要我们过后仔细想想，心中也会释然，这是女儿成长过程必须经过的阶段，她们总有一天要独当一面，总有一天会走上一条属于自己的路，这何尝不是妈妈所期望的。

所以这个时候，作为妈妈的我们一定要适时转变自己，作为一个陪伴者和女儿相处在一起，将选择的权利更多地交到她们手里，自己以建议者的身份参与其中，这样不但不会让女儿逆反，反而会更好地增进彼此之间的亲子关系，因为在她看来，不管妈妈提出的建议是不是最好的，有一件事情肯定是永恒不变的，那就是她永远爱自己；不管未来经历多少磨难风雨，她永远都会在自己的大后方为自己出谋划策，加油打气。

眼看平平就要中考了，家里每天都免不了要讨论一番报考志愿的问题。平平学习不错，老师说依照平平现在的成绩看，绝对可以考上一所理想的高中；但是保守来讲，还是要报个折中的学校保底，不要对自己估计太高，这样或许更有把握。可平平并不这么想，她渴望能够考上全市最棒的高中，接受最好的师资培养，最终考取自己心目中理想的大学。针对这个问题，母女俩讨论了很多次，可平平总是一副绝不退让的架势，还经常不客气地甩出话：“我已经长大了，这是我自己的选择。”

看着平平那决不妥协的架势，起初妈妈很着急，还有点生气，但平心静气想想，觉得这或许是孩子人生经历中第一次对自己的选择，作为大人不应该过多地干涉，可万一平平考试发挥失常，与那重点中学失之交臂，那对孩子的打击就实在太大了。做妈妈的一定要提前跟她讲讲这里的利害关系。

这天平平回到家，妈妈一边拿着手机给平平看一边说：“快看这个叔叔年轻的时候长得多精神，妈妈明天要同学聚会，突然想起他那时候的一件事儿，还真得跟你念叨念叨。”

听妈妈这么一说平平很好奇，于是凑过去看，这时妈妈顺势说：“你知道吗？这个叔叔原来学习特别棒，成绩在全校首屈一指，老师都说他肯定能考上重点，高考那年他报了北大，不成想考试发挥失常，就差几分与自己理想的大学失之交臂，要说凭他的分数，上个别的较好的一本是小意思，可他对自己估计太高，在填报志愿的时候只选了北大，结果那一年就没考上。耽误了整整一年，这对他打击特别大，后来他又复习了一年，这次还算理智，折中报考了一个一本的学校，结果如愿录取了。但即便是这样，后来他说自己心里一直后悔了好久，觉得自己就为争一口气整整耽误了一年的时间，实在太不划算了。”

听妈妈这么一说，平平低着头陷入了沉思。这时候妈妈转过头来说：“我们平平这么优秀，考上个理想的高中肯定没问题，但我就怕我们家宝贝太较真儿，最后就跟这叔叔一样，耽误了自己。当然在妈妈看来，这次中考是你人生中为自己做的第一个选择，不管你怎么选，妈妈都尊重你的选择，永远做你的大后方，永远为你加油鼓劲。妈妈只是真心想把我的建议告诉你，最后的选择还由你认真考虑后自己决定。”

听妈妈这么一说，平平的脸上露出了微笑说：“谢谢妈妈的建议，我会用心考虑的，或许我是应该再谨慎一点。”

女儿一天天长大，她们渴望成为自己的主人，希望能够独立自主地为自己做决定，作为妈妈的我们应该支持她们，鼓励她们勇敢地自主选择。另外，介于青春期的女儿还没有彻底成熟，在很多问题上缺乏社会经验，容易冲动，不理智，所以这时候妈妈不妨用建议的方式提醒她们，我们可以明确地告诉孩子：“妈妈尊重你的选择，但同时出于对你的爱和关怀，还是要提一些自己的建议，我们一起商量看看这件事情怎么做最好。”这样，女儿一定会理解妈妈的这份关心并对妈妈感激不尽，也不会因为总是和妈妈意见不统一闹情绪了。其实，对于孩子这样渴望独立的状态，最明智的处理方式就是在无形中指导她，永远让她觉得是自己做出的选择，却又在很大程度上结合自己所提的建议，这才是一个智慧母亲最应该掌握的交流技巧啊。

多聊天不就又多了个军师吗

或许很多妈妈都会发现女儿一进入青春期就跟自己的话越来越少了，这常常让我们产生莫名的失落感，心想：怎么女儿一到青春期就像变了一个人？自己生的闺女怎么就跟自己没话了呢？

除了彼此之间的话题越来越少外，妈妈最担心的还是孩子现在正在经历着怎样的成长，面对一些难以打开的心结，她们真的能从容应对吗？面对那些学业的压力，她们又有什么看法，是怎么应付的呢？还有，她跟班里同学之间的关系是否和睦，到底在跟什么样的孩子一起玩儿？一切内心的担忧却不知道如何说出口。

其实，做妈妈的大可不必如此焦虑，即便青春期的女儿有叛逆期，但也不是随便什么时候都发作的，只要我们能与孩子有效沟通，赢得她们的信任，她们还是可以快速转变自己的行为，重新回到妈妈身边畅所欲言的，因为此时的妈妈，已经成为女儿生活中不可多得的军师。

盼盼是个插班生，好长时间跟班里的同学难以融合，每天独来独往，看到盼盼沉默寡言老实巴交的样子，有些调皮的女生经常会嘲笑她，说她是闷葫芦，长相土气。这些声音一次又一次地伤害着盼盼的心，她不知道自己为什么无端地被别人说来说去，对这些折磨和屈辱要忍受到什么时候。

终于有一天，几个女生嘲笑她时，连盼盼的父母都牵扯了进来，这让盼盼忍无可忍，转过头与那几个女生发生了激烈的口角冲突，还动了手。事后，由于盼盼不善言语，几个女生又互做伪证，老师误认为是盼盼的错，还把她批评了一顿。这让盼盼心中更加委屈。

回到家，盼盼一脸难过，直接低着头进入自己的房间，妈妈看到盼盼这个样子，很担心，连忙走进房间问盼盼发生了什么。盼盼起初摇头不肯说，觉得这件事让妈妈知道不好。但妈妈没有放弃，转身端来水果和奶茶说："盼盼啊！其实有些事情憋在心里是不好的，有什么事儿不如多和妈妈聊聊，妈妈也是从你这个年龄段过来的，虽然经历不尽相同，但当时的很多心境都跟你有切合点，你跟妈妈说了，不是又多了一个给你出主意的人吗？"

听了这话，盼盼将信将疑地说："那你不要告诉别人。"

妈妈说："要不要拉钩保证啊？"

看到妈妈这么真诚，盼盼便向妈妈敞开了心扉，把自己在学校的遭遇一五一十地告诉妈妈。听了盼盼的话，妈妈意识到孩子在学校过得并不开心，想了一会儿对盼盼说："如果是这样，明天你去找那几个同学谈谈，拿录音笔把她们的话偷偷录下来，拿回来给妈妈听，平时好好学习不要理她们，妈妈这边会想办法帮你做出调整。实在不行，妈妈跟爸爸去商量，给你换一个更好的学校。不管多难，妈妈也要让盼盼有一个愉快的校园生活。"

听了妈妈的话，盼盼觉得心里有了依靠，第二天就把那些女孩儿嘲讽的话偷偷地录了下来。里面除了有她们承认诬陷盼盼的内容，还有很多过分的讽刺言语。妈妈拿着录音笔找到了班主任，一字一句地放给老师听，有理有据地说明了盼盼所受的委屈，同时妈妈还态度坚决地说："老师您好，我女儿每天大部分时间都是在学校度过的，学校承载着她的希望和未来，但是现在她无端地受到这样的折磨，这对她的成长和心理健康都是不利的，我觉得这些女生再这样下去会影响到我女儿的明天，所以我希望您能妥善处理这件事，让我的女儿有一个安定的学习环境，同时也请给我一些时间，我们会尽快办手续离开，因为我不想让我的女儿回忆校园生活的时候只有眼泪。”

之后，盼盼的校园生活终于平静了，因为妈妈最终又为盼盼选择了一个学习氛围很好、同学关系很和睦的学校，在那里盼盼认识了很多好朋友，渐渐忘记了曾经令她伤感的过去。每天回家也爱说爱笑了，而且每次见到妈妈还会开玩笑地说：“妈妈永远是我的超级大军师。”而妈妈也会笑着说：“没事儿多和妈妈聊聊天吧，因为跟妈妈一起想主意是最放心的。”

有些时候女孩儿不说，是觉得有些事情让妈妈知道不光彩，可越是不说，就越是会困扰她们，让她们每天都深陷在失落和难过中。假如看到女儿一段时间心情沉闷，那么作为妈妈的我们一定要采取适当的行动，鼓励孩子和自己聊聊，把心里话说出来，只有这样我们才能有针对性地引导孩子并参与到问题的解决当中去。所以妈妈要告诉女儿：“这个世界上没有谁比妈妈更适合做你的贴心军师了。有问题不怕，怕的是一个人闷着，出现问题两个人想，总比一个人办法多，状态一定是更积极的。说不定突然想到一个好主意，心就豁然开朗，一切问题都迎刃而解了呢！”

直觉失灵时，不妨听听我的经验

现在很多青春期的女孩儿特别相信直觉，我们经常会听到她们时不时地说："我的直觉告诉我，这件事一定是这样的……"当下的女孩子还特别崇拜神探柯南和福尔摩斯，总是有意无意地把自己想象成拥有高超推理技能的探案奇才，相信自己的第六感无比正确，甚至达到了未卜先知的境界。起初作为妈妈，会觉得这不过是女儿青春年少最为可爱的一面，但假如自家的女儿真的对第六感着了魔，觉得自己的直觉永远正确，那么等到她这种直觉失灵的时候，不妨笑着走过去问问她："如果直觉失灵，要不要听听我的经验之谈？"

妮妮最近迷上了《福尔摩斯探案全集》，每天一回家写完作业就拿起书来看个没完，一边看还一边记录其中经典的话，同时旁边还时不时加上批注："我就是要做第六感强烈的奇女子，一流的女侦探。"

除此之外，妮妮还动不动就对生活中的大事小事进行自我推断："这件事，一定是这样的，凭着我敏锐的女侦探直觉，一定是这样，一定会这样发展的……"每次听了妮妮的话，妈妈总是笑着说："赶紧干你该干的事情吧！想当侦探等你长大了报考警官学院，现在不需要你推理来推理去，当然，你要能把你的学习成绩推理上去，我也没什么意见啦！"每次听了这话，妮妮总是一脸顽皮地回应道："直觉告诉我，这也是可以办到的。"

这天妮妮回家说老师留了个作业，让自己回家给爸爸妈妈做一顿饭，于是妮妮兴冲冲地跑到厨房打开冰箱掏出面条说："我给妈妈做炒面。"说罢，她把干面条放在一边，放上油就准备往锅里放，这个时候妈妈走过来问："炒面不是这么做的吧？"可妮妮却毫不示弱地说："肯定没问题，直觉告诉我炒面就是要这么炒。"看着女儿这么一脸的坚定，妈妈没有直接点破，转身走到一边心想，今天就让事实挫挫女儿这个直觉的锐气吧。

只见妮妮炒了好一会儿，越炒越狼狈，端上来的面条炒成了面疙瘩，根本就不能吃，这时候妈妈嘟着嘴问："怎么？不是直觉就这样吗？"妮妮苦闷地沉着脸一声不吭。妈妈看着妮妮锐气全消，便微笑着说："假如妮妮的直觉失灵了，是不是可以听听妈妈的经验之谈呢？"

看着自己糟糕的杰作，妮妮没好气地说："想说什么就说吧，反正已经这个样子了。"看女儿一脸不服的样子，妈妈对妮妮说："妮妮，其实每个人都有第六感，有些时候它好像很灵验，但我们不能完全依赖它。与其相信直觉，还不如相信经验，这就好比考试做选择题，凭借直觉或许你能把这道题做对，但正确的做法是，要知道为什么做对了，知其然知其所以然，这样就不存在侥幸，下次考试遇到类似题，不管出什么花样你都能答对，这才是最智慧的做法。福尔摩斯的直觉也不是毫无根据的，也是建立在严格的科学推理和丰富生活阅历之上的。"

妈妈一边说一边随手拿起炒糊了的面团说："假如妮妮有炒面的经验，即便是直觉再告诉你炒面是这么炒的，你也不会听从，因为你已知道了最正确的做法，会按自己正确的方法来做。所以妈妈的建议是，假如自己对某件事没有把握不如转过身去多问那些有经验的人，比如做炒面妈妈就很有经验，有了不懂的事儿多问问妈妈，说不定能给你更好的建议呢，你说是不是这个道理？"

听了妈妈的话妮妮点点头，从此以后再也不直觉这儿直觉那儿了，学习基础也打得越来越扎实，每件事都做得有板有眼，而当自己遇到问题真的不知道怎么办时，也会及时地听取妈妈的意见，因为她相信，妈妈作为过来人的建议，总是要比直觉来得更精确、更实际。

青春期的女孩儿有时非常相信直觉，过度的感性让她们在生活中常常出现各种错觉，明明一件事不是那样，但是在她们的大脑里一切就是这个样子。这个时候就需要妈妈及时地进行干预引导，让她们不要过度地依赖直觉的虚妄，而是要脚踏实地，以实际的眼光看待问题。

作为过来人的妈妈应该明白，直觉这东西不能全信，它有时候也会跟我们开玩笑，搞恶作剧，真正聪明的人，绝对不会拘泥于她的幻想，而是会着眼现实，扎扎实实地对眼前事进行深入思考。所以当女儿再受直觉牵绊的时候，妈妈们不妨将自己的想法及时地传递给她们，与她们多聊聊天，告诉她们直觉再灵敏也不及多年积累的经验有价值。

第七章

你第一次问我什么是爱情

青春期的女孩儿感性而单纯，她们开始对异性有了不一样的情感，帅气而有个性的男生开始越来越吸引她们的眼球。于是白天的时候她们渴望见到他，晚上回到家还会因为今天见到对方几面，或是对方跟自己说了几句话而兴奋不已。藏在她们内心深处隐隐的小情节不断地萌动，这时一个念想涌上心头："莫非这就是爱吗？"试想一下，假如有一天女儿羞涩地开始跟自己谈爱情，告诉你她对某位异性男孩儿有感觉，作为妈妈，我们该怎样做呢？

我就喜欢那个帅气的男老师

青春期的女孩子情窦初开，很容易被异性吸引，而学校里有一些刚大学毕业不久年轻优秀的男老师。假如他们风度翩翩，器宇不凡，势必会赢得很多女学生的好感和青睐。这本来是很正常的事情，但假如女孩儿把握不好自己的感情，就很容易思路走偏，伤害到自己。

因此，作为母亲的我们应该提醒女儿，学校是学习的地方，老师在这里的使命就是能够帮助自己更快更好地提高成绩，完善个人修养，千万不要因为对方的一些无心之举而想入非非，以为那就是所谓的爱情。那可就错了。妈妈应该让女儿知道，喜欢不等同于爱情，我们要及时地做出调整和控制，让她们明白，这种爱其实是热爱、欣赏和认同，不要在还不懂爱的年纪，轻易地就把它跟爱情扯上关系。

慧慧最近遇到一件烦心事儿，这源于班里新来的一位年轻的男语文老师，第一次上课慧慧就被他深深地吸引了。要说这男老师确实相貌英俊，重点大学硕士毕业，一米八的个子，文质彬彬，精致的五官上还戴着一副斯文的眼镜，简直就是慧慧心中的白马王子。有时候慧慧想，假如这个语文老师不是老师，而是自己未来大学的一个同学该多好，那自己就可以毫无顾忌地向他表白，痛快地和他谈恋爱了。可是现在自己还那么小，哎呀！这实在太让人失落了。

于是慧慧开始想入非非，每次上这位男老师课的时候，她都相当专注地盯着他看，作业也做得相当认真，大家都觉得她听课很认真，其实只有她自己明白心里到底是怎么想的。很快，慧慧的语文成绩提高很快，每一次老师讲评作文的时候，都不禁对她的作文大为赞叹。一次市里要举办作文大赛，这位老师专门把她叫到办公室说："慧慧，老师觉得你文笔非常好，这次推荐你参加作文比赛，你一定要努力争取拿到好成绩，现在距离比赛还有一段时间，你可以好好准备，多练练笔，多看一些书，老师昨天列了个书单给你，你回去买来好好读读，把好词好句摘录下来，最好能把读后感写给我看看，这样或许对拿下比赛更有把握。总之，加油哦，老师看好你。"

看到老师这样鼓励自己，慧慧心里激动万分，回家的路上都在一边走一边笑，好像身体的所有细胞都进入喜悦状态。回到家，妈妈看到慧慧这么高兴就问："慧慧，什么事情让你这么开心啊？"

"没什么，就是新来的帅帅的语文老师让我准备参加作文大赛，今天跟我聊了好长时间，要我好好准备，还给我列了书单，我实在太兴奋了。"慧慧回答道。

"那你可不能就语文成绩提高，其他的功课都落下啊，现在考大学凭借的可都是综合实力。"妈妈提醒道。

"我不管，看看教数学那老头儿，一点活力都没有，有本事他们都跟语文老师那样长得那么帅，我就认真听他们的课。哎！你说我要是早生几年多好，要是早生几年，没准正好是我们班语文老师的大学同学。那我绝对不放过他，哈哈！"

听了女儿滔滔不绝的表达后，妈妈觉得女儿一定是对班里帅气的男语文老师有了一些青春萌动，如果不及时解决说不定会影响到孩子今后的前途。

于是妈妈严肃地说："慧慧，对自己很不负责任啊！"

听了妈妈的话，慧慧转过头不解地问："此话怎讲？"

妈妈看着慧慧说："你觉得人家男老师优秀，人家男老师上学的时候可不像你这么三心二意，所以人家上了重点大学还读了硕士。即便你觉得他就是你心中的男神，但如果你现在因为看着人家帅人家好自己不努力学习，成绩越来越糟糕，又对人家有什么影响？最终倒霉的还不是你？要我说只要你现在努力学习，说不定考上好大学以后，能遇见比这男老师还要优秀的男孩儿。他就在不远处等着咱们呢！如果你现在不计后果地迷恋老师，将来就会与他失之交臂，你说是不是对自己不负责任？"

听了妈妈的话，慧慧低着头说："其实我也没那么邪乎，不过你说得对，我以后会注意的。"

年轻男老师，青春有活力，很容易就能和班里的学生打成一片，自然也会赢得不少女生的青睐，在女孩儿青春期发育的这个特殊阶段，被年轻男老师吸引是很正常的事情。但作为妈妈，我们一定要及时纠正孩子内心对于这种感觉的认知，让她们意识到那仅仅是敬仰而不是所谓的爱情。上学阶段最重要的任务是学习，绝不能因为一时的情感萌动而自毁前程。我们可以真诚地告诉女儿："未来的人生路还很长，还有很多更精彩的部分等着自己，聪明的女孩儿不会因为一时的情感波动而错失了这一切，只要现在努力学习，说不定就会有更好的选择在后面等着你。"

收到第一封情书

在学校的男孩儿、女孩儿到了青春期，男女之间很容易产生萌动的感情牵引。试想一下假如有一天，家中的女儿被班里的男同学追求，更有甚者还奉上了情真意切的情书，作为妈妈的我们到底应该怎么处理呢？

这天朵朵放学回家，由于外面气候炎热，她赶快脱下校服换上便装。在一旁的妈妈顺手把校服拿来准备洗，可妈妈一翻朵朵的裤兜，一封叠得四四方方的彩色信纸掉了出来，打开一看里面的字迹工工整整，竟然是一封情书：

亲爱的朵朵：

你好！

打这学期新分班一开始，我就被你吸引了，你爱说爱笑，天真烂漫，好像永远都没有什么发愁的事情。你每天学习努力，而且写得一手漂亮的好字，每到班里出板报的时候我都特别期待你的杰作。你文笔那么优秀，每一次老师拿你的作文讲评的时候我都会竖着耳朵听。于是你就这样悄然走进了我一个又一个的梦里，梦境里我们一起看星星，一起聊天，一起到甜品店吃布丁，我多么希望这一切能够变成现实啊！你愿意接受我做你的男朋友吗？期待你的回音。

永远等你的俊

看了这封信，妈妈险些没有笑出声来，想不到自己的女儿小小年纪竟然就有男孩子追求了，但转过来想，自己还是有必要对这件事好好引导一下女儿，不要让她在这个特殊的阶段脱离正确轨道。

于是妈妈拿着这封情书，走进朵朵的房间，把它放在书桌上说："哎呀！妈妈真兴奋，我家的女儿就是漂亮，人见人爱，刚这个岁数就有小男生追。告诉妈妈，这是你收到的第一封情书吗？"

听妈妈这么一说，朵朵很不自然地低下头说："我又没答应他，您不用那么紧张。"

看着朵朵回避的眼神，妈妈笑着说："其实妈妈觉得这也没什么，我女儿长得这么漂亮，又那么优秀，有人喜欢是好事。但妈妈觉得这个时候的朵朵应该理智，不要轻易地就扯动了感情这根弦。因为凭妈妈的经验，在这个特殊的阶段，一旦陷入了感情旋涡，后果是相当可怕的。"

听妈妈这么一说，朵朵抬起头看着妈妈诡异地问："莫非妈妈曾经有什么经历不成？"

这时妈妈严肃起来，说："有，妈妈上学的时候有一个特别要好的同学，长得也特别漂亮，很多男生都在后面追，结果她不理智地答应了一个男生，而且全情投入，可没到半年，人家男生就提出分手，说什么也不肯再继续了。结果，我这个女同学受了很大的刺激，一蹶不振，成绩一落千丈，老师说以她往日的成绩，只要她努把力就能上北大，结果到高考的时候，连二本都没考上，整整耽误了自己一辈子。唉！好在你妈没这样，一直走在预定轨道上，顺利地考上了重点大学，后来又找到了不错的工作，然后遇见了你爸爸，现在咱们家多幸福啊。"

听了妈妈的话，朵朵若有所思，从那以后她把精力都用在了学习上，每当自己再遇到类似的问题时她总是微笑着对对方说："这件事对我来说还很遥远，到真的走到那个遥远的地方时，再去思考这个问题。"

例子中，朵朵的妈妈绝对是一个充满智慧的母亲，在看到男孩子给女儿的情书时，她既没有反应激烈，也没有觉得这是一件多么不应该的事情。相反，她拿出一颗包容的真诚之心，以自己的经历告诉女儿早恋的利害，巧妙地把女儿引导上正确的轨道。

作为母亲，当我们遇到这种情况时，我们首先要给予女儿百分之百的信任，给女儿一种强大的心理支持和力量。同时婉转地告诉女儿早恋容易引起的弊端，让孩子从内心提起防范意识。其实如今青春期的女孩子都是很聪明的，只要适当提醒，不用怎么正颜厉色，也照样可以很好地引导她们正确地解决这个问题。

别单相思了，看这相思豆芽儿发的

别看青春期女孩儿的年龄不大，感情却相当地丰富，看到自己喜欢的男生，虽然嘴上不表达，心里却在构思着无数浪漫的情节，有些时候自己想着想着就笑出声来，而旁边的人根本不知道她到底在想什么。出于对自己的保护，很多女孩儿在这一阶段往往将自己置身于单相思式的暗恋阶段。即使心里再喜欢，为了安全起见，也不会轻易地让对方知道，而越是如此，越是会对她们的心理健康造成影响。

最近妈妈觉得晴晴的情绪波动越来越奇怪，今天还是晴空万里，明天就成了乌云密布，后天不知道怎么又改成喜极而泣了。这让妈妈觉得其中一定有什么问题，一定得及时了解清楚。

这天晴晴一回到家，就失落地回到自己的屋子，眼圈都哭肿了。看着女儿反常的样子，妈妈连忙关心地询问，而晴晴却不耐烦地说："你别问了，说了你也不懂。"

"可你不能总是憋在心里啊！这样吧，妈妈向你保证，无论是什么事情，妈妈都不会怪你，妈妈只是想帮你，就算妈妈解决不了，至少也可以做晴晴的忠实听众，能让晴晴把心里话说出来，减少内心的压抑和痛苦。"

听妈妈这么一说，晴晴的眼泪夺眶而出，说："妈妈，我知道早恋不好，但是我还是暗地里喜欢上班里的一个男同学，我没有让他知道，就这么一直远远地看着他，有些时候觉得他也时不时地朝着我的方向看，心里就会莫名地紧张，而后就会觉得特别开心。可是今天我看到他和另外一个女生在一起，而且两个人还在学校外面拥抱了。我真的受不了这个打击，我接受不了。”

听女儿这么一说，妈妈明白了问题所在，她摸摸晴晴的头说：“唉！我的宝贝女儿，你是得了单相思了。其实这也可以理解，你现在正处于青春期的萌动阶段，很容易受到异性的吸引，但是妈妈想告诉你的是，眼前所发生的一切未必是件坏事，它让你第一次正视了自我，让你明白，你们这个年龄还不知道什么叫爱情，眼下一定要做好自己手头最重要的事情，而不是一味地深陷这些没有意义的情感泡沫。妈妈觉得，今天你所看到的一切比任何时候都有意义。”

听了妈妈的话，晴晴抬起头很疑惑地看着妈妈。

妈妈又语重心长地说：“晴晴，今大妈妈就跟你分享一下我的小秘密。在妈妈还在上中学的时候，跟你一样，心中也默默地喜欢同班的一个男生，当时觉得他很帅，而且朋友特别多，但后来他还是跟班里另外一个女同学好了。当时妈妈的心啊，别提多失落了，但经过一整天的思考，妈妈决定要将这一切放下，因为在学校学习才是最重要的，我绝对不能因为喜欢上一个男生，而不再顾及自己最应该干的事儿。从此妈妈特别努力地念书，考上了名牌大学。而那个男生却因早恋影响学习成绩连专科线都没过。十年后同学聚会时，你妈妈已经是外企高管，而那个男同学却沦为街头的小混混儿，你说差距有多大？所以啊！妈妈回头想起来，还真的很感激当时自己看到了那一幕，要不是这一幕敲了警钟，妈妈现在可能根本不会拥有当下的一切。晴晴，妈妈所说的你能明白吗？”

听了妈妈的话，晴晴沉默了很久，最终说：“妈妈，我明白了，从此我会把最重要的事情做好，绝对不会再这样糊涂，我会成为像妈妈一样的聪明人。”

晴晴妈妈通过自己曾经的一段经历，至情至理地给予女儿最到位的引导。

其实在青春期这个特殊阶段，很多女孩儿都会莫名地被这种夹杂着喜悦与忧伤的单相思所困扰。爱情对她们来说，既令她们神往，又心怀着忐忑与不安，越是在这个时候妈妈越是要及时涉入，帮助孩子调整好自己的情绪。

其实作为成年人的我们都知道，在这个特殊的成长阶段，即便是孩子真的收获了某个男孩儿的心也是难以长久的。假如目前女儿仅仅是处于单相思的自我惆怅，那最好的办法就是帮助她在心中树立好更崇高更伟大的理想，让她明白这个世界上没有什么比努力赢得未来更重要，与其拘泥于一段不成熟的感情，不如转换视角去追求更重要的东西。相信只要转变了视角，女儿今后的路就会走得更加轻松，而那单相思的困扰也会随着女儿为理想积极进取的热忱，慢慢淡出她的视野了。

别把虚拟的感情太当真

现在网络很发达，作为青春期的女孩儿交朋友又多了个媒介，可网络是虚拟的，微信那头的人究竟在想什么，并不是那么容易了解透彻的。如今的社会看似简单其实很复杂，连很多成年人到最后都被虚拟世界的对方情感所控制，更不要说是一个还处在青春期的孩子。很多妈妈坦言，每当自己看见女儿坐在电脑前或是抱着手机不放，对着 QQ、微信聊个没完的时候，心里就会紧张，假如有一天女儿坦言对方是个男生，那自己的心简直就要跳出来，万一女儿陷入情感迷局，将自己的青春深陷在虚拟世界的泥沼里，那后果可就不堪设想了。

木木最近放学回家第一件事就是打开电脑，跟一个叫乐乐的男孩儿聊天，看着女儿坐在电脑前动情的样子，妈妈觉得这事儿有点蹊跷，于是下意识地在一旁观察，结果有一天妈妈刚走到木木电脑前，对方对话框里的一句话瞬间让拿着果盘的妈妈双手颤抖："木木，你真的很漂亮，性格也好，我被你深深吸引了，做我女朋友好吗？"

此时木木不经意地回头，看见身后的妈妈脸一下红了。看见女儿一脸尴尬的样子，本想发作的妈妈抑制住了心中的情绪，平静地把果盘放在桌上，问木木："这个男孩儿是谁？你见过他吗？"

"没有，就是有一次觉得无聊随便加的，当时他说加个 QQ 做个朋友，我就同意了，后来觉得他为人挺风趣，特别有意思，所以就特别喜欢跟他聊。”木木说道。

“连面都没有见过，你就相信他真的喜欢你，你们之间真的就有所谓的爱情吗？”妈妈继续问。

“爱情不爱情的，我不好说，不过我觉得他确实挺有意思，至少我觉得他不是什么坏人。”木木抬起头看着妈妈说。

“好人坏人脸上都没贴标签，更不用说头像了。现在社会真的太复杂了，很多人都在拿网络当成欺骗别人的媒介，最简单的就是打感情牌。再说，即便他不是坏人，你们之间的这种情感也是没有基础的。聊天时，大家肯定都是挑彼此爱听的话说，这和真正相处、真正成熟的感情是不一样的。”妈妈说。

“那我现在怎么办啊？我跟他聊得挺好的，只因为人家跟我表白了就不理人家了，那我也太小心眼儿了吧。”木木嘟着嘴抱怨，“在你的心里，网络里就没一个好人。”

看着木木不满的样子，妈妈叹了口气说：“不是妈妈觉得网络里没有好人，是这种事情太多了，你能保证自己绝对是个例外吗？就算你是例外，天天跟他聊天，耽误了自己的学业，这对你来说不是一种损失吗？今天妈妈就给你说一个身边人的例子，让你自己看看要不要引以为戒。就前段时间，妈妈单位的张阿姨的女儿就跟你一样交了一个网上的男朋友。后来逃学，跑到网吧跟对方聊个没完，结果对方聊着聊着，就说自己有困难，要让她汇钱帮忙，说自己办完这件事就去找她，顺便把钱还给她。这丫头就犯傻地偷家里的钱给那男的汇款，对方收到钱后就再没影儿了。这时候学校也因为女孩儿总逃学找到父母要劝退她，你张阿姨这才知道自己家女儿竟然干了这么多荒唐事儿，赶紧报了警，后来对方被抓到了，一看本人，哪儿是什么年轻帅气的男孩儿啊，是一个五十多岁秃顶的中年男人，专靠网上骗钱吃饭，在他手里已经有不下 30 多个姑娘受骗了。”

听了妈妈的话，木木沉默不语。看着女儿沉默的样子妈妈又说：“有前车之鉴，咱就得给自己提个醒，你虽然看样子长大了，其实还不成熟，社会经验也不多，千万不要感情冲动上了别人的圈套。一个人的青春是宝贵的，真的耽误不起，能避免的伤害就一定要规避，这才是有智慧的姑娘。妈妈想告诉木木的是，但凡是虚拟的感情，都是最不可信的。”

听了妈妈的话，木木点了点头。

网络是虚拟的，语言是动听的，但这一切脱离开那个虚拟的世界，就什么都不是了。作为妈妈，我们应该引导女儿活在现实生活中，千万不要被那些虚拟世界里的情感拨动心弦。因为在那个虚幻的世界，有许多未知的东西，对于一个尚未有辨别能力的青春期女孩儿而言，真的是太不适合，假如这时候女儿无形中受到吸引，在自我的幻想世界里情窦初开，那后续引发的问题可能就要复杂得多了。因此这时候，妈妈应该及时帮助女儿快速脱离虚拟情感环境，回归到现实生活中，着眼于手头最重要的事情，这样才能有效阻断网络虚拟情感对女儿的伤害，让她平安健康地步入成年。

保持友谊，爱情是以后的事

在学校，青春期的女孩儿会结识一些异性朋友。这些男孩儿或许跟她很聊得来，或许跟她有相同的业余爱好，甚至两个人可以亲密到形影不离。这个时候，两个孩子之间就很容易产生错觉，一个念头会在他们心底萌生，好像在说："我们这么合拍，会不会就是有了爱情？"这种想法很幼稚，却很危险，一旦把友情误当作爱情，不但这段友谊难以长期延续，说不定还会影响到两个孩子的人生，那种内心起起伏伏的波动，那种对爱一知半解的认知，假如得不到及时的正确引导，很容易走入误区，酿成不可挽回的错误。

曾经就有一个女孩儿在微博中写下了这样的一段感想：

我和他本来是一对亲密无间的朋友，我们有很多话题，也有很多相似的地方，我们的爱好相同，喜欢买一个牌子的衣服，我们经常一起去看电影、逛书店，回想起来，那真的是我人生中最为幸福的时光。

可时间一长，班里的同学开始开我们的玩笑，说我们俩是情侣，是一对最默契的恋人。这让我们开始重新审视彼此之间的关系。尽管我们嘴上不说，还是我行我素地在一起，但明显感觉话题少了，而且每次见面都有些害羞和不好意思，跟以前比，真的是太不自然了。

之后，他跟我说："哎！要不然咱们俩就真做一对恋人吧！试试看，这么默契，如果不行还会是朋友。”于是我羞涩地点点头，从此以后我们的关系就真的从朋友转变成了恋人。

可令我没有想到的是，事情的发展大大超出我们的预料，我们根本就不知道怎么经营好这段感情，我开始纠结、惶恐，甚至开始无厘头地吃醋，看到他跟别的女生说话就会生气，就会找借口跟他吵架；他也开始焦虑、烦躁，甚至在我向他倾诉的时候还会爱搭不理，一脸不屑地继续看他的手机，我们之间的和睦关系被彻底打乱了。就这样，我们分了合，合了分，从高一到高三，我几乎每天情绪波动都很大，经常是老师在上面讲课，我在下面发呆，根本没有心思学习，学习成绩自然是一落千丈。

结果是显而易见的，最后我们还是分道扬镳了，本来高一的时候学习成绩都很不错的两个人，相互鼓励一定要考上同一所大学，结果一个上了一所普通大专，一个不得不复读。而且，吵来吵去，最后连朋友也做不成了。我清楚地记得，那天他很严肃地对我说：“这次分开以后就不要再联系了，我们回不去了。”听了这话，我的泪水夺眶而出，我哭的不是分手，是我们蹉跎的大好年华。所以我想告诉大家的是，千万不要把友情错当爱情，这场赌局，你真的输不起。

看了上面女孩儿的遭遇，或许很多妈妈心里都会跟着沉重起来了。女孩在青春期懵懵懂懂的时候，很容易错把身边要好的异性朋友当恋人。因此，作为妈妈的我们应该提前给女儿提个醒，让她们明白，友情和爱情之间是有区别的，一个女孩儿身边可以有很多的异性朋友，可以畅聊人生，可以外出游玩，但就是不要轻言恋爱，因为在这个年纪的她还没有真正为迎接爱情做好准备，也不知道如何对一份感情担负起自己应尽的责任。

那么究竟应该怎样引导女儿区别友谊与爱情呢？看看下面妈妈的留言分享，希望能对爱女儿的妈妈们有所借鉴：

前段时间女儿遇到一件烦心事儿，说班里一个跟她特别好的男孩子说喜欢她，要她做他的女朋友，为此她内心非常矛盾，不知道该怎么办才好。听到这件事，我首先问了她一个问题：“你觉得你能对这份感情担负起怎样的责任？”她当时一下子就傻了，结结巴巴地说：“什么、什么责任啊？”看着她一脸茫然的样子，我认真地对她说：“爱情，不仅仅是拉拉手那么简单，它之所以神圣伟大，是因为它丰富的内涵，不仅两个人要十分相爱，还要接受彼此的全部，包括家庭、经济状况、生活习惯，甚至缺点，即便是你再不喜欢的东西，也要全然接受。你真的做好这个准备了吗？”女儿听了这话陷入了沉默。

这时候我又说：“再者说，你们两个现在是朋友，本来一种很好和健康的关系，但假如你们在还不知什么是爱情时谈爱情，那就连朋友也做不成了。作为你，你希望自己因此影响到你的学业和未来吗？要妈妈说，最好还是跟对方讲明，现在咱们都还没有能力承担起一份爱情，不如继续做朋友。这样至少你们的友谊还能继续延续下去，不至于因为吵吵闹闹断了缘分。假如等到你们都长大了，还这么好，倒可以理智地看待这个问题，可以谨慎而智慧地做出选择了，那个时候妈妈一定会祝福你，而不是拦着你了。”

听了我的话，女儿认真地点点头。后来她把事情处理得很漂亮，两个人还跟以前一样是亲密无间的好朋友。

有些时候一听到女孩儿身边有异性朋友，很多妈妈就会感觉如临大敌，生怕孩子会因为控制不好感情而出现早恋的情况。其实，即便是女孩儿这个时候有青春的萌动，她们的思想也是相当清纯简单的。只要这个时候妈妈可以因势利导，及时地调整她们看待爱情的观念，帮助她们正确地对待这份与异性的友谊，她们很快就会明白其中的道理，不再会为是友情还是爱情这件事困惑了。

第八章

不用好奇，我来为你揭开性的面纱

关于性这个话题，很多爸爸妈妈对自己的女儿是避而不谈的。曾几何时，当我们还都是孩子的时候，向父母问“我是怎么来的”这个问题时，也是遭到一阵敷衍。如今时代在发展，网络上关于性的信息图片比比皆是，而青春期的孩子几乎每天都是离不开电脑的。作为母亲，我们有必要让女儿对性有一个正确、清醒的态度，这样才能让她们在这件事上保持理智，不至于脑袋一热就迈过了底线，那产生的危险后果是怎么后悔也弥补不了的。

你是怎么来到这个世界的

记得我们小的时候，也会抬起稚气的脸问爸爸妈妈：“爸爸妈妈，我是从哪里来的？”每到这时，父母的脸上就会露出羞涩的神情，爸爸看着报纸说：“你去问你妈。”而妈妈呢？要么敷衍着让我们一边玩儿去，要么推搡着让我们去问爸爸。就算实在拗不过，也是很应付地编造一些谎言，比如：“妈妈当时跟你爸爸不小心用了一双筷子，结果就怀孕了。”要是再直接点的就是：“爸爸妈妈结婚以后，就在一张床上睡觉了，结果睡着睡着妈妈就怀孕了。”结果使得很多傻女孩儿在吃饭的时候都小心翼翼，生怕跟男生同用了筷子怀孕；幼儿园睡通铺的时候，义正词严地拒绝小男孩儿睡在自己旁边，说这样会让自己怀孕。细细想来，那都是多么可笑的事情啊。

中国的父母，总是那么含蓄，他们觉得房事是不应该跟孩子讲太多的，所以很多女孩子在性这方面的知识都非常少，直到结婚以后，自己才渐渐明白：“哦，原来想要生孩子，是要经历性爱的。不是一起用一双筷子就能怀孕的。”

如今是一个信息膨胀的时代，关于性这件事，不论是大街的广告牌，还是临街成人用品商店，无论是网络上的性事图片，还是电影里男欢女爱的性爱情节，就连常去的超市，都会把一排排的避孕产品琳琅满目地排列在显眼的货架上。如今的性事已经不是什么秘密，它渐渐成了一种公开的话题，一件所有人见怪不怪的事情。这样的改变对于成年人没什么，但如果青春期的孩子对此没有正确的认识，又经受不住诱惑，想去尝试，那么很有可能毁掉自己的一生。

所以作为妈妈，我们有必要认真做好青春期女儿性事的第一任老师，让她明白自己从何而来，怎样正确地看待性的过程，怎样对这件事保持足够的认知和理智。这样才不至于被性所困，可以从容自如地面对来自于自身，乃至来自于外界的各种诱惑和干扰，镇定自若地处理好自己与性的关系。

这天小娴正在看杂志，突然在翻到一页的时候眼睛顿时停住了，只见她的眼睛始终盯着杂志的这一页看了很久，目不转睛，脸也变得红起来。坐在旁边看电视的妈妈感觉不对劲，便绕到小娴后面去看，只见杂志的这一页上，夹杂了一幅关于男女性事的连环插图。主要意图是想推销自己的性事产品，并在每一个细节中介绍如何使用的经过。

“别老看了，看完了自己总是胡思乱想的过不去怎么办？”妈妈在一旁搭话说。此时的小娴才意识到妈妈已经绕到了自己后面。“没、没有，我就是随便翻翻，正好翻到了这一页。”小娴紧张地说。

“没什么大不了的，妈妈又没说你，别紧张。”妈妈拍着小娴的肩膀，坐到了她对面，很平静地对她说，“不过我觉得，你现在已经越来越大，妈妈有必要给你补上一堂课，让你明白你是从哪儿来的。”

“啊……啊？我是你生出来的啊！”小娴一脸茫然地说。

“没错，是我生出来的，但在生你之前，我和你爸爸经历很长时间的思考和商量，才最终把你带到了这个世界上。你所看到的画面，我和你爸爸都经历过，我们恋爱的时候很纯洁，直到结婚才真正彻底地接受了彼此，而后在经历了性事之后，我怀了孕，经过十月怀胎把你生了下来。而现在为了维系我们美好的情感关系，我们定期还会有性行为，因为我们很相爱。”

此时小娴的脸通红地说：“哦，妈妈，你今天跟我说这些干什么？我的心像是揣了个小兔子一样怦怦地跳啊。”

“我不说，你不是自己也会看吗？我之所以告诉你，是要让你真正明白，性爱是怎么回事儿，性爱是很神圣的，比爱情还要伟大，因为它的主要目的是孕育生命。也是一个女儿成为一个女人的蜕变，所以如果自己对情感还没有十足的把控能力，就千万不要随便地去答应别人性的要求，因为你承载不了之后所要承担的责任，而且你也尚未确定对方就是可以和你一辈子相守一生的人。”

听了妈妈的话，小娴合上了杂志，认真地点点头说：“妈妈，听你这么一说，我对性这件事真的没那么迷糊了，您放心，我会把控好自己的。”

对青春期的女孩儿来说，了解性不可怕，可怕的是对性一知半解就糊里糊涂地去尝试，每个妈妈都担心自己的女儿会在性上吃亏，担心她们会因为一时糊涂影响了自己的一生。可每当想把话说出口，又碍于内心的羞怯难以直言。为了女儿的身心健康，作为妈妈一定要冲破内心的这层胆怯，拿出十足的勇气和女儿一起正视这个问题。让她们知道自己是从哪儿来，让她们从此理智地看待性，树立正确的性观念，而这都必将成为她们一生的财富。越是长大，她们越是会对妈妈的这番真诚的话心怀感恩，因为她们已经明白，性爱对一个女孩儿来说是一件多么神圣的事情。

了解“性”不用偷偷摸摸

记得小时候，很多到了青春期的男生开始慢慢对“性”产生好奇，偷偷地在字典里查性爱这个词是怎么解释的。有些调皮胆大的孩子，他们搜罗所能搜到的各类有关性的信息，觉得这是件很刺激的事，同时也觉得有必要研究一下这件大家都难以启齿的事情到底是怎么回事儿，便在课下和身边的同学分享，弄得很多女同学脸红红的，既羞怯又控制不住地想竖着耳朵听。有些女生听完了以后自己回家也偷偷地查，但只要遇到爸爸妈妈立刻就会快速地把一切藏得好好的，生怕父母发现以后会责备自己。

而如今已经为人父母的我们，想起那段往事，不由得内心还会泛起涟漪，那些年少无知的日子里，我们也曾经做过那么多看似荒唐的事情。那时的父母不告诉我们这方面的事，自己只能为此偷偷探究。而再回头看看当下我们的孩子，她们正是我们当初的青春年纪，也开始对“性”有了懵懂的概念，也像被传染了一样偷偷到网上搜索这方面的相关内容，这不禁让很多父母担心起来。对于妈妈来说，假如有一天自己的女儿也开始对“性”产生好奇，偷偷摸摸地去了解，作为母亲，我们又该怎么处理好呢?

小黎最近迷上了口袋言情小说，每次一有零用钱就会到书店买上一两本，下课的时候别的同学都出去透气，她却坐在原地开始读言情小说。可谁知道有些言情小说里面涉及了很多描写性爱过程的内容语言，这让小黎一边看，一边脸红。由于言情小说语言描绘得不够细致，小黎心中萌生了一个念头："去网上看看吧，看看过程到底是什么样子的。"

于是，小黎趁妈妈不在家，偷偷地打开电脑，浏览了有关性的很多内容，还悄悄地拿出言情小说对照，看看跟小说里讲的有什么不同。或许是因为研究得太专注，也没有意识到妈妈下班回来了。她猛地一回头，被站在身后的妈妈吓了一跳。心想："啊！这下完了。"可没想到妈妈异常地平静，对小黎说："研究什么呢？"

"没、没研究什么。"小黎搪塞道。

"那怎么电脑上那么多奇怪的小图片啊！我看你在看什么书啊？好像很吸引你啊。"

"没什么，没什么的。"小黎连忙把口袋言情小说放在背后。

"哎！别紧张，妈妈又没说你。"妈妈带着微笑说，"其实妈妈在你这年纪的时候，也这样，自己偷偷摸摸地去了解，觉得性是件很神秘的事情，很想了解到底是怎么回事儿。后来妈妈看了有关方面的书，觉得一切不过是如此嘛，然后就再也不去看了。"

"啊？那妈妈你那时候看什么了？"

"其中一篇是关于远古性文化的传说，说当年我们的祖先会把男女之间交合的图画画在石壁上，觉得那是件很神圣的事情，也是一件甘愿为部落做出牺牲誓愿形式，当时男人和女人交合让女人怀孕后，生产期对于女人来说是一个非常大的生命考验，如果不能顺利生产，那将意味着自己生命的终结。所以当时很多女人都很害怕与男人交合，担心自己会因此失去性命。后来部落就设仪式感召天神，祈求自己部落不至于因为人丁稀少而灭绝，而天神用自己的大能和智慧，在男女交合的过程中设计了一种可以忘记生产恐惧的幸福感和快乐感，让男人女人在性爱的过程中能够暂时忘记生产的危险和痛苦，最终促使女人愿意与男子交合，愿意付出怀孕生子可能要付出的生命代价，为部落传宗接代，而这就是性的本源由来。”

妈妈停了停继续说：“所以当时妈妈就觉得，哇！性好神圣啊！当时的女人为了这件事要付出这么大的代价啊！难怪天神会这么厚爱她。原来这份快感是为了更好地传宗接代啊！如今，科技发展了，性文化也就跟着衍生出了各种各样的内容，但妈妈还是相信本源文化的美好，那象征的是一种自我牺牲精神，而现在的你作为女孩儿，在自己还没有考虑周全的时候，最好不要轻易地去尝试这件事，因为它会让你从一个女孩儿转变成一个女人。假如当时的你并没有对这一切做好百分之百的准备，身心还未真正成熟就去尝试，那无疑要面对的是难以挽回的痛苦。唉！这个世界上有太多类似的悲剧了。妈妈就是当时听到看到很多这样的事，才在面对性这件事的时候，越来越理智的。”

听了妈妈这么一说，小黎下意识地将手里的口袋言情小说放在了一边。

“所以啊，以后想了解性不要偷偷摸摸的。”妈妈摸了摸小黎的头说，“与其偷偷摸摸地看来看去还一知半解，不如和妈妈一起敞亮地谈论这个话题。相比于你来说，妈妈是过来人，不论是对内容了解的深度广度都要比你知道的多得多。只要你愿意，妈妈随时欢迎，把这段敏感期一过，再看性的时候自己就从容多了。”

听了妈妈的话，小黎点点头，从此以后竟然学习更加专注，口袋言情小说也没有那么大的诱惑力了。

很多父母觉得女孩儿偷偷摸摸了解性是一件很丢人的事情，但如果我们转念一想，为什么孩子会这么做呢？主要原因还是因为自己对这方面的知识并不了解，才会觉得好奇，越觉得好奇才越会想去看。所以作为妈妈，与其让女儿自己毫无方向地去了解，不如为她们的青春期之路打开一扇窗，让她们透彻地了解性，明白它的由来，也明白它的发展。当她们从心里对性知识有一个清晰的认识，知道它不过是人到了一定年龄要经历的一种生理需要，内心也就不再迷惑。自然也就不会再把过多的注意力集中在这个话题上了。一切很快就会恢复到正常、健康的学习和生活状态中去。

看个网页就被“性幻想”挟持了

如今科技越来越发达，即便是父母不为孩子普及性知识，电脑一开，关于性的讲解和图片就一个接一个在我们无意识中步入视野，而目前的青春期女孩儿，几乎每天都要打开电脑在网络上冲上一会儿。即便她们不是有意识地去看，那些关于男女情事的画面也会不知道什么时候就会弹出来。而这也就成为很多女孩儿妈妈最担心的一件事。

曾经有个妈妈说：“我总觉得孩子对于性还是晚点儿知道的好，可是现在即便你不想让她知道，她也会通过各种渠道了解，说真的，作为母亲，心里真的很担心，万一她控制不好自己，出了事儿，我找谁去承担责任？”

英英最近遇见了一件麻烦事儿，有一天爸爸妈妈不在家，她兴冲冲地坐在电脑前准备看一部自己盼望已久的电影，可没想到搜索网页的时候，一大堆的性爱图片呈现在英英的眼前，画面中那女的赤身裸体，做着非常露骨的动作。这让正处于青春期的英英眼睛一下子直直地傻在了那里，她努力地告诉自己“不要看，不要看”，但却怎么也无法移开自己的视线，经过一场思想搏斗后，英英最终按下了电源开关。眼前的画面终于消失了，她深深地吸了一口气，对自己说：“没事儿，一切都过去了。”

可没想到这件事并没有那么简单地过去，从此以后英英开始精神萎靡不振，患上了洁癖症，要触碰什么东西都得玩儿命地擦，而且一提到上网就紧张。看到女儿出现了这么严重的问题，妈妈坐不住了，连忙询问女儿最近都发生了什么。起初英英还不好意思说，但耐不住妈妈的坚持，女儿流着眼泪说出了实情：“我当初只是想看个电影，我也不知道那些图片从哪儿冒出来的，从那以后我就觉得这些图片在我的脑子里不断地播放着，让我觉得很恶心，然后我就觉得一切都很脏，就觉得不安全，想把这些东西擦得干干净净用才安心。晚上的时候，我的脑子里还是会反反复复地重复那些画面，即便是睡着了，脑子还在重复着性幻想，那种感觉说不出来，心里本能是排斥的，但同时又有无可抗拒的诱惑力。哎呀！我也说不好自己是怎么了，总之我觉得自己是个好孩子，我怎么会胡思乱想那些乱七八糟的。”

听了女儿的话，妈妈平和地对英英说：“英英，你现在已经成长为大姑娘了，妈妈有必要让你明白，性这件事没有那么可怕，你也没有必要因为看到了这样的画面而在心里这样惩罚折磨自己。这个世界越来越开放了，出现这样的事情是避免不了的，既然外界环境我们无法改变，那就努力地从我们内心出发，去改变我们自己。首先妈妈要说的是，我们有必要客观地看待‘性爱’这件事，把它当成一个课题，告诉自己不要恐惧，那不过是人成长到一定阶段，结婚以后都会经历的很正常的事情，没有什么大惊小怪的，也没有所谓的邪恶与正义，假如英英以后想做妈妈，也肯定是要经历性爱过程才能怀孕的，到时候你还会觉得这是一件自己多么无法接受的事情吗？假如我们能正确地看待它，心里的恐惧和紧张的感觉是不是就降温了呢？”

“可是，可是我感觉自己被那些网页困住了，那些画面怎么也过不去啊。”英英伤心地说。

“不要排斥上网，但一定要有选择，妈妈的意见是，基于你现在的情况，是不是可以让妈妈帮英英把好的网站挑出来，最大限度地帮英英净化网络内容，同时全程地陪伴英英一起上网，如果还是再有这样类似的情况，至少妈妈和英英可以一起来勇敢面对，你说好吗？”

听了妈妈的话，英英的心安定多了，她点了点头，慢慢地行为上也不像以前那么奇怪了。

女孩儿的心是脆弱的，她们明明知道看那些性图片是不好的事情，却无法阻止外来环境的侵袭，于是内心就出现了焦虑、紧张，总是觉得是自己出了问题，以至于在这种紧张的状态中折磨自己、惩罚自己，这是非常没有必要的。作为妈妈，我们先要让女儿明白性爱并不是丑陋的，并引导女儿健康地看待性话题。同时，为了让女儿不至于一个人面对这样画面的恐惧，在征询女儿同意的情况下，妈妈可以陪伴女儿一起上网，这样不但可以让女儿更安心，也能随时对女儿进行心理疏导，帮助她们克服内心对于性的恐惧心理，从而快速走过这段敏感的过渡期。

偷吃禁果会让你身心伤痕累累

曾经在《圣经》上读到了亚当和夏娃受了蛇的诱惑，吃了能使人明白是非善恶的智慧果，上帝震怒，把他们赶出了伊甸园，让他们及他们的子孙世代在尘世间承受各种苦难作为惩罚。当时觉得，禁果对于人类的杀伤力实在是太大了。后来，偷吃禁果的意思已经专指男女之间在没有法律承认的婚姻关系前提下发生性关系，或是在未成年阶段与异性发生性关系。

现在正值青春期的女孩子，身体发育一天比一天成熟，但这并不代表她们的心智也达到了成熟阶段。此时的她们内心是单纯的，对待爱情是青涩而向往的，同时也是很容易被感情冲昏头脑的，如果一不留神迈进禁区，会发生的可能是一连串的悲剧，这一点没有人比妈妈更明白。相比于男孩儿而言，女孩儿过早地有了性体验所造成的负面影响很可能波及她们的一生，所以越是在这个关键的年龄，妈妈越是要及时地引导女儿，千万不要让她们陷入偷吃禁果的困境。

最近安安妈妈看女儿总是六神无主的，觉得一定有事，自己无论如何也要搞清楚到底是怎么回事儿。

于是妈妈借着吃晚饭时开玩笑地问："安安，最近是怎么了？怎么跟丢了魂儿似的？告诉妈妈谁把你的魂儿带走了？”

“哎呀！妈妈，说什么呢？我不是好端端的吗？”安安敷衍道。

“不对，绝对有事儿，赶紧跟妈妈说说，或许妈妈也能给你参谋参谋。”

“哎！就是前段时间，我闺密娇娇交男朋友了，男朋友跟她提出了性要求，她心里正迷茫呢，要不要答应对方。不答应吧，怕这段感情告吹；答应吧，又觉得这事儿过了以后还得吹。”

“那既然不管怎么样都可能吹，那为什么还要给对方伤害自己的机会呢？”妈妈问道。

“她放不下啊！她男朋友长得可帅了，她好不容易才把他抓在手里的。”安安回答。

“那这件事儿跟你有什么关系啊？”妈妈问。

“她问我啊！我不知道怎么回答她，劝她拒绝吧，回头分手了得怨我。劝她答应吧，她真吃了亏，到时候还得怨我。所以我这儿苦恼呢，不知道怎么办。”

“哎！你们还小，这叫早恋，还有性要求，看看都乱成什么样子了。安安啊！如果有一天这事儿落在自己身上，千万别犯傻。你这么一说，妈妈就想起自己的一个同学，挺漂亮的一个女孩儿，就是生生地被一个傻决定给毁了。”妈妈感慨地说。

“怎么回事儿，说说看？”安安好奇地问。

“那时候妈妈班里有个特别漂亮的女同学，好多男生都喜欢，她跟比我们高一年级的一个英俊的男孩儿谈起了恋爱，后来男孩儿跟她提出了这个要求，还跟她说不要太保守，日本那边的女孩儿如果16岁还是处女那是一种耻辱，是会嫁不出去的。结果女孩儿耐不住诱惑，也不想失去那男孩儿，就跟他发生了关系。想不到没过几天，男孩儿却跟她分手了，她根本就接受不了这个现实啊，一下子受了刺激，学习成绩也一落千丈。据说后来还怀孕了，父母为了保护女儿的名声悄悄带她做了人流。人流手术也是很痛苦的，女孩儿整个身心都受到了巨大的伤害。就这样大学也没考上。后来到了结婚年龄的时候，几次相亲都没成功，好不容易结了婚，丈夫也不把她当回事，总是把这段丑事拿出来晒：'你就知足吧，也就我接受你，作为一个二手货，我对你已经够可以了。'结果那女孩儿天天哭，最后实在忍受不了这样的耻辱，就自杀了。"

说到这儿，妈妈表情凝重起来："你说，好好的女孩儿，一生就这么被毁了。你们现在对爱情还一知半解，情感也不稳定，即便是有喜欢的男孩儿，你就能保证对方感情成熟吗？你们就真的能携手走到最后吗？我听说现在有些男孩儿还专门找这种刺激，几个小哥们儿还比，看谁追到的女孩儿多。假如是落到这样的男孩儿手里，那女孩儿肯定是要遭殃的。所以安安啊！如果你愿意可以把妈妈跟你说的讲给娇娇听，同时自己也要打一个预防针。这禁果可真的不能随便吃，不然真到后悔的时候，一切都已经太晚了。"

听了妈妈的话，安安认真地点点头。

如今的孩子做很多事情的时候都有欠考虑，总是脑袋一热就做了，真到了后悔的时候，即便是心里再痛苦再委屈，也只有面对和接受的份儿了。很多有偷吃禁果经历的女孩儿坦言，当时自己不知道怎么回事儿，就在对方的诱惑下做出了这个糊涂的决定，其实在真做的那一刻就后悔了，但一切早已于事无补，之后自己再怎样后悔不该当初，也已经没有用了。

作为妈妈，在女儿青春期的特殊阶段，与其让她们在面对这个问题的时候犯难，不如提前为她们打预防针，告诉她们偷吃禁果将给自己带来的严重后果，让她们对这件事有一个深入的认识。这样她们才不会轻率行事，才会有效规避风险，顺利地走好自己以后的人生路。

第九章

女孩儿外出，有些事一定要知道

女孩儿到了青春期更喜欢和身边的朋友外出活动，几个小伙伴一玩儿上了瘾就很容易忘记时间，作为妈妈的我们嘴上不说，心里可是担心得要命。孩子现在到底在哪儿玩呢？有没有遇到什么问题？遇到了什么样的人？总而言之，越是想心里越是不放心，总是担心她把握不住而出危险。其实与其担心这儿担心那儿，不如开诚布公地和女儿好好聊聊这个问题，普及一些必要的安全知识，教会她如何防患于未然，这样以后她再出门的时候，你也就踏实多了。

首次跟网友见面要当心

现在，网络越来越发达，在这里不但能学到更丰富的知识，还能交到很多天南海北的朋友。很多朋友虽然彼此从来没有见过面，却能聊得开心，以至于很多时候自己一回家就迫不及待地要打开电脑和对方聊上一会儿。就这样聊着聊着，彼此的感情就越加深厚，尤其是青春期的女孩儿很多都抵不住诱惑，特别想约对方见上一面，看看这个网友到底是个什么样子。

当女儿说她想跟一个素未谋面的网友一起见面出去玩儿的时候，做妈妈的心就瞬间警觉起来。如今社会那么复杂，我们不能说所有人都不是好人，但女儿必定是妈妈的心肝宝贝，绝对不能出现任何问题，可看着女儿意向坚决的样子，作为妈妈的你又该怎么做呢？

潘潘最近在网上认识了一个特别聊得来的网友，每天放学回家就迫不及待地在电脑前和这个素未谋面的“闺密”聊上一会儿。时间长了两人就特别想见面，于是潘潘将这件事兴奋地告诉了妈妈，可没想到妈妈却一脸严肃没应允，这让潘潘觉得很不自在。

“哎呀！妈妈，我就知道你肯定是想多了。”潘潘有些不高兴地说。

“不是想多了，潘潘，你真的对这个从来都没有见过面的‘女孩儿’那么了解吗？”

“当然了，我们无话不谈。”潘潘认真地说。

“那你能保证她跟你说的话都是实话吗？”妈妈又问。

“妈妈，你这话什么意思啊？好像人人都是坏人一样。”潘潘不服气地说。

“那妈妈给你讲一个案例，前段时间妈妈就看到这么一条消息，有一个女孩儿去见网友，结果被对方直接给堵在了屋子里，身体受到伤害不说，兜里的钱被拿得一干二净，这还不算完，这个所谓跟她无话不谈的网友，伙同他的犯罪团伙，一下子把这姑娘拐卖到了一个山沟里。结果这姑娘的父母那叫一个找啊，又是报警，又是发帖搜寻，好不容易才把女儿找回来，这时候女孩儿已经在山沟里生活了一年多，还怀孕了，你说怎么办？”妈妈一边说一边看着潘潘。

“有这么严重吗？”潘潘一脸惊讶地说。

“有没有这么严重，自己都要提高警惕，妈妈并不反对你去见朋友，但是你最起码要对自己的安全负责。假如真出现意外，最对不起的人是你自己。”妈妈严肃地说。

“那怎么办啊？我都跟对方说好了。”潘潘开始犹豫起来。

“嗯，这样吧！妈妈跟你一起去，你在那里等她，妈妈就在不远处看着你。如果你们聊得好，妈妈不会打扰你们；如果真出现了问题，妈妈也能及时采取措施，这样你的安全问题才能有所保障，你说呢？”

“那、那好吧！”潘潘勉强地点了点头。

第二天妈妈和潘潘一起去麦当劳见网友，没想到电话刚一接通，对方直接就把电话挂断了。再仔细一看，一个30岁左右的妇女快速挂上电话，一溜烟地从麦当劳跑了。从此潘潘再打网友电话，对方始终是不接或挂断，最后还干脆关机。

看见眼前的这一幕，潘潘惊呆了，她终于相信了妈妈的话，从此再也不随便跟网友出去见面了。

别看现在的女孩儿长得像个大人，但要考考她们的社会经验肯定不及格。

她们总是把外面的世界想象得太好，从来没有意识到危险的存在，以至于谁跟自己多说上几句好话，就轻易地相信对方。

在网络这个虚拟空间里，人与人之间隔着一层未知的迷雾，有时，越是居心叵测的人，越会在沟通中表现出良好的亲和力，并用这种方式骗取女孩儿的信任，进而了解她们的一切情况，比如女孩儿的家庭条件、父母的收入、每月有多少零花钱以及身边有什么样的朋友。然后编造各种谎言，以各种方式向女孩儿骗钱。到你知道上当受骗的时候已经悔之晚矣。

所以作为妈妈，最好的方法就是及时地与女儿保持沟通，了解她和网友的相处情况，参与其中，做女儿背后的参谋。假如女儿一定要去见网友，妈妈事先要了解这个网友的详细信息，及时判断其中的危险系数，提前告知女儿要注意的安全事项。最好能够陪同女儿前往，在不影响女儿与网友交流的同时，确保孩子的安全。这样不但能及时给予最有效的帮助和指导，也能更好地保护女儿的身心健康，同时对丰富她们的个人社会经验也很有帮助。时间一长，相信女孩儿会更信赖妈妈的话。

成人的娱乐场所不能去

现在为年轻人提供的娱乐场所很多，游乐场、卡丁车，很多项目都非常有益于青春期女孩儿身心，但同时也有一些外表光鲜、装修华丽的地方，却是不适合青春期女孩儿靠近的。从某方面说，这里存在着一定的危险性，倘若没有一定的社会经验，很容易会莫名地卷进不必要的危险陷阱，那时候再后悔也已经来不及了。

凯特是一个爱唱歌的女孩儿，她的嗓音甜美，周围的同学都特别喜欢听凯特唱歌。终于有一天，一个班里男孩儿说带凯特去个好地方，可以让她大展歌喉。凯特忙问是什么好地方，男孩儿得意地告诉她是他舅舅开的一家酒吧，绝对安全，叫她放心。临走还不忘嘱咐她说："凯特，记着，到了那儿你就说自己二十岁了，绝对百分之百的成年人。到时候让我舅舅给你设计一个舞台，你就在那里献唱，我们都在底下给你鼓掌，那儿的音响效果再配上你的歌喉，简直是没挑了。好好练啊！我们期待你的完美表现。"

听对方这么一说，凯特心里兴奋不已，很久以前她就想过把歌星瘾了。虽说酒吧的舞台不像电视里歌星的舞台那么光鲜，但最起码那也是舞台啊，有那么多人围坐在底下听自己唱歌，那是怎样的一种享受啊。

于是凯特回家兴冲冲地把这件事告诉了妈妈。谁知妈妈一听，就严厉地说：

“我不同意，告诉你那个同学，就说咱们不去了。”

“为什么？”凯特不解地问，脸上充满了失落感。

“你听听那男同学说的话还不明白吗？未成年人是不能去那里的。”妈妈语重心长地说。

“那又怎么样？酒吧是他舅舅开的，有家长在，有什么不安全的？”凯特反驳道。

“那是他舅舅，又不是你舅舅，真要出什么事儿，人家首先想的是对自己孩子负责，其次还不知道轮得上轮不上你。你知道酒吧有多复杂吗？你知道他舅舅的酒吧是什么风格吗？你知道去到那里的人的背景吗？你能应付得了社会上那么多复杂的事儿吗？举个最简单的例子，如果你唱得好，台下的人给你献花，然后邀请你下去陪他们喝一杯，你怎么办？难不成你要喝酒？如果拒绝的话，客人会对酒吧不满意，你不是给人家舅舅找麻烦？你说你怎么办？”

“这……我倒真没想过。”凯特自言自语道。

听了这话，妈妈叹了口气说：“凯特，你现在不过是个青春期的女孩儿，社会经验实在是太少了，连有些成年人在这种娱乐场所都很容易深陷泥潭，更何况你一个黄毛小丫头，妈妈怎能放心呢！”看着沉默的凯特妈妈继续说，“上次妈妈跟张阿姨聊天，张阿姨说自己楼上邻居的女孩子染上毒瘾了，多优秀的一个姑娘啊，当时她妈妈就纳闷，孩子好端端的怎么就吸毒了呢？后来才知道原来是被人给害的。她们几个女孩儿去了一趟夜总会，有个男的过来请大家喝一杯，她们就傻乎乎地喝了，结果里面有毒品，几个女孩儿谁也没落下，全都染上了，你说怎么办？一辈子就这么毁了。”

“啊？不会吧？”凯特惊讶道。

“怎么不会，前几天刚被送到戒毒所。现在的社会太复杂，妈妈意思是你要学会保护好自己，不该去的地方不要去，现在有的是好玩儿的娱乐场所，只要是健康的，妈妈绝对双手赞成，但是酒吧这样的地方，妈妈绝对不允许你去，别说不安全，就是看着很安全，妈妈也绝对不许你去，因为咱们冒不起这个险啊！”

听了妈妈的话，凯特懂事地点点头。

爱玩儿是青春期女孩儿的天性，越是一天天走向成熟，越是希望自己能和同龄人一起出去玩儿。对于妈妈而言，女儿跟同学出去聚会聊天是再正常不过的事。但有一件事妈妈要告诫女儿，对于一些特殊的娱乐场所，即便外表再光鲜，有多么大的诱惑力，也是绝对不能去的。

目前，未成年人在酒吧、夜总会、迪厅、歌舞厅等娱乐场所遭受不同程度伤害的例子比比皆是，尽管国家法律明文规定这些地方都禁止未成年人进入，可备不住还是会有很多女孩儿偷偷地进去，很有可能在这里染上酒瘾、毒瘾，甚至迷迷糊糊地遭到性侵害，这都是我们应该引以为戒的。看着身边女儿如此的乖巧可人，我们怎能允许这样的事情在她们身上发生呢？所以，一定要把利害关系给女儿讲清楚，晓之以理，动之以情，让她们远离这些娱乐场所。只有这样才能从根本上切实有效地规避那些不必要的风险，让女儿的青春期阶段过得更加平稳、更加安全。

夜晚女孩儿一定要早点回家

很多女孩儿一到假期就迫不及待地要和身边的同学发小出去玩儿，爱玩儿的天性常常让她们忘记了回家的时间。明明一大早就已经从家里跑出来，到了晚上9点钟还是在外面磨磨蹭蹭的不愿回来，这可让在家里等待的妈妈不放心。心想："女儿还没成年，路上不会出什么危险吧？过马路的时候有没有小心啊？走夜路的时候害怕不害怕啊？遇到坏人怎么办啊？"就这样一连串的担心伴着焦急一刻不停地在妈妈脑海中重复着。直到门外听到了钥匙开门的声音，看着女儿平安地回到家，那块心里的大石头才落了地，此时或许很多妈妈一定开始下定决心，一定要针对回家晚这件事和女儿好好谈谈了。

蕊蕊是一个活泼贪玩的女孩儿，在学校人缘非常好，身边有很多的闺密伙伴，一到周末大家就约好一起出去玩儿，今天去乐乐家，明天去西西家，再过两天一起找个有范儿的烤串餐厅举杯欢庆，在一起玩得好不快乐。

随着蕊蕊朋友越来越多，妈妈发现蕊蕊回家越来越晚了，起初过了晚上6点还知道给家里打个电话，可后来这电话就慢慢地消失了。原本最迟也会在晚上7点前回家，后来拖延到了8点，再后来妈妈等蕊蕊等到了晚上9点多，蕊蕊才慢条斯理地回家。这让妈妈越来越为蕊蕊的人身安全担心，觉得有必要和蕊蕊好好地谈谈。

这天蕊蕊又很晚才回到家，一进家就看到等她的妈妈板着脸坐在沙发上。聪明的蕊蕊一下子就明白自己惹妈妈生气了，于是赔着笑脸走到妈妈面前说："哎呀！妈妈，我知道了，下次一定不会这么晚了。"

"你知道这么晚回家会降低自己多少人身安全系数吗？你一个小女孩儿，对天黑之后的环境真的了解吗？黑天是坏人行动最猖獗的时候，也是交通事故频发的时候，不知道多少女孩儿就因为在外面玩儿忘记了早回家，结果就再也没能回家。有的女孩儿一个人走夜路，莫名地被人用了迷药，一醒来都不知道自己身在何处。还有的女孩儿更惨，被人一把拉到一个黑屋子里，在实行强奸以后，残忍地把她杀害了。这些事都是血的教训，不是没发生过啊。我想问蕊蕊，你真的能一直这么走运吗？真要出了事儿后果可就是很严重的。到时候你再怎么哭爹喊妈都没用，可作为妈妈的我在家还毫不知情。再说要真出了这样的事儿，再后悔又有什么用呢？"

听了妈妈的话，蕊蕊沉默了很久说："其实我也不是故意的，我不是好好地回来了吗？我就是玩得太开心了忘记了时间。"

"玩得再开心，也得到点回家，你要对自己负责，要对关心你的爸爸妈妈负责，你知道你这么晚回来，在家里等你的妈妈有多煎熬吗？就怕你万一出点事儿，爸爸妈妈是最爱你的人，你就忍心让我们因为你晚回而着急上火吗？妈妈要和你立个规矩，以后不管玩得有多开心，晚上 8 点之前必须回家，那时候路上的人还比较多，很多商家还都没有关门，路灯照得也很明亮，安全还是有保障的。"

"好，我一定准时回来。"蕊蕊用力地点点头。从那以后，蕊蕊每次都能按时回家，再也没有出现晚归的情况。

青春期的女孩儿 100 个有 80 个都是贪玩儿的，她们大多不知黑夜暗藏的危险，觉得只要自己提高安全意识，夜晚就不会对自己造成伤害。但作为妈妈，我们知道夜深人静的时候存在着许多潜在的危险。稚嫩而柔弱的女儿一旦遇上根本不知道该怎么处理。看着电视上频繁播出深夜女孩儿被袭的事件，作为母亲，我们是有必要针对晚回家这件事，好好地和女儿进行沟通的。

在沟通中，妈妈不但要告诉女儿独自一人走夜路的危险，还要将自己等待女儿回家焦急的心情明白地告诉她，帮助她树立起对自己负责、对家庭负责的意识，养成按时回家的好习惯，不管遇到了什么情况都要按时回家，做一个让父母放心的好女儿。让她们明白家中的爸爸妈妈永远是女儿的保护神。

如何避免“性骚扰”

女孩儿一天天成熟，渐渐出落成一个纯美青涩的大姑娘，单纯的她们觉得这个世界处处都是美好的。作为母亲的我们也希望自己的女儿能够一路走得顺风顺水，不受任何伤害。可我们也不得不承认，这个社会是复杂的，有好人就一定会有坏人，一切都是相对的。而坏人的脸上从来都没有贴着标签，以至于让很多单纯的小女孩儿误把他们看成是好人。

前段时间有个妈妈在微博中留下了这样一段话：

女儿今天回来一脸的失落，一到家就扑到自己的床上不说话。我见情况不对就跑过去问到底出了什么事，结果女儿半天才跟我说出了实情。说自己在回家的路上被一个男的性骚扰了。于是我问她到底是怎么回事，女儿吞吞吐吐半天才说：“今天我不是去洛洛家了吗？回来坐公交车，车上的人特别拥挤，有个男的就借机对我动手动脚，他用一只胳膊挡着我的胸口，一只手触碰我的下体，还好我没穿裙子。”女儿停了停又说，“当时我想喊，也特别想给那男的两巴掌，但转念一想，这样是不是对自己影响不好啊！而且也不知道那男的是什么背景，会不会对我有更大的伤害。所以我一直就没吭声，赶紧挪到了一个较为安全的位置。但即便这样我还是觉得恶心，觉得自己被别人欺负了。”

听了这事儿，我也很生气，真想马上找到那个人狂扇他几个耳光。看着女儿像个受伤的孩子那样趴在床上一动不动，我也不知道该怎么劝她。但是从那一刻我打定主意，一定要教会孩子怎样避免这样的伤害，怎样处理这样的问题，这样再遇到这样的事情，至少能知道该怎样应付。

看了这样的事情，心里真的对这个受伤的女孩子深感同情，现在的社会太乱，谁也不知道哪天自己会遇到动机不纯的人。而对于一个青春期的女孩子，面对这种情况时多半是惊慌失措，不敢声张。而这些人正是看中了女孩儿的这一弱点，越是担心自己的名誉受损，对方越是会行动猖獗。有调查显示，80%的青春期女孩儿在面对性骚扰的时候，大多选择了忍气吞声，她们不愿意告诉身边的人发生了什么，甚至于不愿意将这件事告诉父母，担心父母会报警，这样一来身边的人就都知道了，只能让自己丧失颜面，觉得更加羞耻，于是很多女孩儿就这样把这种伤害藏在了心里，时间长了就衍生成为各种各样的心理疾病，直接危及青春期女孩儿的身心健康。

那么作为女儿贴身保护神的妈妈，究竟应该怎么帮助女儿规避这种伤害呢？针对这个问题，下面特别列出了几点，希望对好妈妈们有所借鉴。

第一，规避不良场所

现在有很多地方成为不良青年的集散地，他们在那里整日地饮酒消遣，经常调戏路过身边的女孩儿，轻的吹个口哨，重的直接上前搭讪，搞得女孩子个个精神紧张。对于这样的地方，妈妈应该告诉女儿，只要看到有类似现象的地方，就赶紧躲得远远的，千万不要往前面凑，绝对不给对方留下任何骚扰自己的机会，避免受到伤害。

第二，坐车尽量靠近同性，拿包挡在前方

很多女孩儿都有过类似的经历，拥挤的公交车上人挨人，这时候彼此挨得距离那么近，谁也躲不开谁，很容易给一些渣男可乘之机。这种情况下最好的方法，就是尽可能地将自己的身体靠近同性人，尽量与异性保持距离，如果实在无法保持距离，可以下意识地把自己的包放在胸前，避免与异性身体直接接触，降低自己受到性骚扰的可能性，还可以防止小偷翻包。保障自己人身和财产的安全。

第三，尽量避免单独外出

作为一个对自己安全负责的女孩子要有一种意识，不管在什么情况，尽量不要自己个人单独行动，出门时最好能有朋友、同学，或者爸爸妈妈陪同，这样不管中途遇到什么事情都有第二个人在场，不论是一起面对还是相互做证，至少不至于自己一个人慌了手脚。从犯罪心理学来说，一般犯罪分子作案不会选择一起出行的人动手，但如果看到对方是一个人形单影只，就很可能会毫无顾忌了。所以，妈妈应该在这方面特别叮嘱女孩儿，尽可能不要独自一人行动，即便不得已一个人出了门，也应该随时与家人保持联系，这样才能最大限度地保障自己的人身安全，同时也可以有效地规避“性骚扰”。

为了保护乖女儿的安全，我们需要教会女儿如何规避那些不必要的伤害，特别是对于“性骚扰”这样的私密事儿。妈妈是女儿最贴心的倾诉对象，也是女儿最信赖的保护者。教会她们如何更好地保护自己，不给坏人留下任何可乘之机，才是生活在这个社会中最正确、最明智的选择。

勿沾抽烟喝酒的陋习

不知道已为人母的你是否还记得在我们青春年少之时，许多孩子以叼烟卷、成群喝酒为美，那时只要班里有这么一个同学这样，其他的同学就会蠢蠢欲动，暗暗地效仿，觉得那是件很酷的事。直到有一天发现自己的烟瘾已经戒不掉了，意识到自己喝酒误事儿了，再想改变已经成了不可能的事儿。烟酒的快感不知道给多少青春期的孩子带来了伤害，而且这样的伤害往往是终身的，很多孩子后来尽管心里已经很讨厌和排斥，但到了关键时刻却怎么也无法拒绝这份诱惑。

冰冰最近和一个插班生成了闺密，她觉得这个闺密与众不同，非常有个性，平时大大咧咧，校外有一帮朋友，每次和那些朋友聊天的时候，嘴巴上都叼着烟卷，样子真的很酷。有一次闺密邀请冰冰一起跟她的那帮朋友出去玩儿，说是让她见识见识。只见她们个个穿着个性十足，在大街上轻松聊天的样子，赚得路人百分之二百的回头率，而她们面对路人的惊诧，完全无动于衷，好像就是在无言地告诉对方："怎么样？我们就是非主流。"

冰冰混在闺密的朋友群之中，一起跟她们到网吧打游戏，然后一起到饭馆吃饭。只见菜还没上桌，酒已经到了，服务员小心翼翼地用小车推过来满满当当的扎啤，这时朋友群里一个男孩儿开始招呼大家说："来来来，喝酒啦，今儿这酒我请客，管够，大家不醉不归啊。”听了这话，群里的朋友纷纷去拿酒杯，只有冰冰一个人傻傻地愣在那儿。这时候有人开始劝酒说：“哎！小姑娘，你怎么不喝酒啊！没事儿，醉不了人，大家都喝，你就当是在喝饮料吧。”

“我……我不会喝酒。”冰冰羞涩地回答道。

“哎哎！别逼她了，她是个老实孩子，想喝酒找我。”旁边的闺密仗义地帮冰冰解了围。

只见整个饭桌上，大家吞云吐雾，推杯换盏，那难闻的二手烟味让冰冰不知道怎么躲。就这样坚持了好一阵，终于盼到了回家的机会。

回到家，妈妈闻到了冰冰身上的烟酒味儿，于是很严肃地问冰冰到底怎么回事。冰冰耐不住盘问，只好说出了实情。

听完了事情的经过妈妈坚决地说：“以后不要再跟你那闺密出去了。烟酒都是对大脑刺激性极大的东西，你现在正是身体发育的时候，如果长期与这些东西做伴会影响身体健康的。而且这里面还有很多隐患，现在的社会那么复杂，万一你掉到了坑里，妈妈想救你都不知道怎么救。”

“啊？说来听听，到底是怎样严重的隐患啊？”冰冰紧张地问。

“你知道吗？现在社会上有些不法分子诱惑别人买他毒品的手段之一，就是先递给你一支掺有毒品的烟或一杯酒，抽（喝）完当时精神头特别足，感觉很爽。几次就对它产生了依赖，等对方确定你已染上毒瘾，再次向他提出要求时就露出了真面目，他会告诉你这东西很贵，得自己花钱去买，从此你就一步步走上了不归路。孩子，你还太小，又那么老实，对自己的安全一定得注意，别人抽烟喝酒咱们管不了，但是我们不能跟她们学，尽量不跟她们接触，这样才不至于因此受到更大的伤害。你觉得那个插班生女孩儿对你很好，但妈妈觉得你与她交往会带坏你的。你还是找一些志趣相投的同学做朋友，一同学习一同进步，未来考上自己理想的大学，这才是正路。其实人生在世，选择正确的朋友很重要，因为朋友之间是会相互影响的。”

听了妈妈的话，冰冰沉默很久说："妈妈，我知道了。"从那以后，冰冰再也没有跟插班生闺密出去，并渐渐找到了自己的新朋友，大家经常一起交流学习心得，一起去书店买书，冰冰觉得这才是自己应该拥有的校园生活。

早在中国古代就有孟母三迁的故事，从中不难感受到孩子间的相互影响是很严重的。假如这个时候自己的孩子把握不好，周围的氛围又那么不尽如人意，那很可能就会影响到孩子的健康成长。总体上说校园环境是很健康的，可谁也不敢保证就遇不到这么一两个喜欢与烟酒做伴的"另类"学生。害群之马的杀伤力是很大的，一旦发现，我们就要及时制止，指导孩子结交一些积极向上、努力学习的同学，很多不必要的风险就都可以得到有效的规避。

同时作为母亲，我们还要让女儿了解到烟酒对于身体的危害，特别是在她们长身体的阶段危害更大。让她们明白自己这一生是不需要与这些东西相伴的。一个女孩子要时刻保持健康的身体、清醒的头脑、积极乐观向上的心态，这样才能拥有更美好的未来。

第十章

有个性并不意味着愤世嫉俗

如今青春期的小姑娘个个追求个性，她们希望彰显自我，希望表现自己的独一无二，她们常常高唱着：“我不是谁眼中的漂亮玫瑰，我就是我自己。”用自己的直白与叛逆努力地表达着自己渴望与众不同的心愿。但作为母亲，我们要让女儿知道，彰显个性没什么错，但个性并不等于愤世嫉俗，并不等于盲目的张扬，个性来源于一个人内在的本真，是不断寻找自己、了解自己的过程，假如这时没有认清方向，只是凭借一时的叛逆之心，一味地宣扬自己的所谓独特性，那时间长了不但个性没有找到，就连自己本来正确的人生观、世界观都会因内心的这份自我偏执而瞬间颠覆。

我不想翻版别人的人生

作为家长的我们会发现，一到了青春期，不管男孩儿女孩儿都少不了要经历一段时间的叛逆期，此时的他们开始用批判的眼光打量世界，觉得这个世界什么都是错的、不对的、有毛病的，即便真是对的，他们也会鸡蛋里挑骨头。常挂在他们嘴边的口头禅是："为什么一定要我们这样？""难不成我们就没有自己的选择了吗？""这个世界是不公平的。""宁可颠覆了整个世界，我也要摆正我的倒影。"每次听到这些话的时候，作为大人的我们都会有一种哭笑不得的感觉。不可否认，青春期的孩子很容易向外界发起挑战，好斗的心让他们不愿意活成别人的翻版。但假如真问他们想成为什么样子，他们的脑中也没有系统的概念，最后还会倔强矫情地说："不管，总之我觉得不是我的，我就是不接受。"试想，如果有一天自己家中青春期的女孩儿成了这么一个不折不扣的小愤青，作为妈妈的你又应该如何应对呢？

"妈妈，我不想考大学，为什么非得要遵从这样的教育体制，这就是旧时代的科举，我拒绝与这样的老旧体制合作，我要走属于我自己的崭新人生，不参加高考我照样可以活得精彩。"敏敏倔强地嘟囔着小嘴说。

看着女儿愤愤的样子，妈妈既生气又担心，一时之间不知道该怎么劝说女儿。于是她深深地吸了口气，让自己的情绪稳定下来，尽可能平和地对女儿说：

“那你不考大学，想好要干什么了吗？”

“反正我不想考大学了，人家比尔·盖茨考上大学都不上，结果都成世界首富了，我就不信我比他年轻这么多，就闯荡不出属于自己的天下。”敏敏趾高气扬地说。

“那我来听听你的规划，如果你的规划不错，我可以考虑接受你的意见。”妈妈说道。

“规划嘛……规划是可以在实践中一点点……我现在还没操心规划的问题。”敏敏嘴硬道。

“那你现在最关心的是什么？是拒绝跟学校合作？不愿意再接受高中阶段的学习？”妈妈问道。

“我觉得现在学校里学的很多学科都是没用的，我一辈子估计都用不上这些东西。我喜欢看书，如果能把学这些用不上东西的时间都用在看书上，那我以后肯定是个文学家。”敏敏说道，“上大学有什么好的？还不是活成别人的翻版，在那里待上四年，然后到处求职，为一份不等价的薪水奔命。难道这就是人生吗？我不要做他们那样的大多数，我要拥有属于自己的个性人生。”

“那你知道怎样才能真正发挥你的个性吗？你知道对于一个没有文凭、没有工作经验的女孩子来说，想在这个社会立足有多不容易吗？相比之下，我觉得你可以选择另外一条路来展现你与众不同的个性。”妈妈说道。

“怎么展现你说说看？”敏敏问。

“我觉得你不妨努力先把高考搞定，然后选择自己最喜欢的大学专业，你知道吗？大学里有非常庞大的图书馆，有更完备的配套设施，有更多跟你志同道合的同学，有你最喜欢学的内容和知识，这些只有考上大学才会有的。在大学的四年中你可以尽情和那里的老师同学探讨自己的人生未来，也可以有更充沛的时间、精力和自我实力来完善自己对未来的规划。到时候无论你选择了什么职业，坚持怎样的自身理想，妈妈都会双手支持你，因为那时候的你眼界拓宽了，也真切地知道自己真正想要的是什么，有了丰富的知识储备，梦想就更容易变成现实。”

“你说的倒也没什么错。”敏敏说道。

“所以啊！敏敏，要妈妈看来，人生最美好的时光就是上学的日子。如果要让妈妈返回去选择，妈妈恨不得一辈子都在校园中度过。在你的羽翼没有丰满之前，先不要对这个世界过于批判。妈妈知道你害怕成为别人的翻版，害怕成为大街上默默无闻的路人甲、路人乙。如果你真的想活出自己的个性，那需要的不仅仅是一种渴望，还要有百分百的实力，首先要拿到显示个性的资本，而这资本的根基就是知识和能力。要妈妈说，敏敏首先考上自己喜欢的大学，在自己喜欢的专业中进行学习深造，这本身就是一个能够彰显自我个性水平的升华和提高。在这样优美的环境中，敏敏的人生观、价值观，以及对未来、对世界的看法都会发生改变，而这个时候返回来再去打量自己对于个性的向往，说不定会有不同的、更深一层的体会。人就是这样在自我探寻中一步步提高的，所以当下的你先不要急着叛逆，不如多给自己留一些机会和余地，以后可能会展现自己更多的个性风采呢？”

听了妈妈的话，敏敏觉得很有道理，从那以后，她再也不提不想高考的事了，而是更专注地学习，希望未来能够考上自己理想的大学，学到自己理想的专业。

如今社会上有很多叛逆文化，不论是流行音乐，还是一些文学作品，都强烈地吸引青春期的孩子们，不可否认，这些词曲和文字大多抒发了作者内心的真情实感，其中也不乏偏执观点，但这些作品勾起了青春期孩子们的年少轻狂。诸如“我为什么要活成别人的样子”“我的人生难道都已经是编排好了吗”，这样的疑问时不时地充斥着她们的大脑，假如此时妈妈不妥善地对孩子加以引导，那么她们很可能会踏上一条叛逆的迷茫之路。

作为母亲，我们可以告诉自己的女儿，彰显个性没有什么错，但关键是要看怎样才能最大限度地达到这个目的，过分地叛逆只能让自己的思想受到局限，到那个时候即便是再不想成为别人的翻版，也没有选择的余地了。所以作为一个女孩儿，最聪明的做法就是理智的思考，为自己寻找到一条可以最大限度发展自己的突破口，这样才能最终实现自己的梦想，真正彰显自己的个性人生。

缺点可不能看作是特点

现在很多小女孩儿都爱彰显自己的与众不同，觉得那才是自己有别于别人的特质所在。为了让自己更加与众不同，她们在自己的各个细节上都花足了心思，总是在人前摆出一副不与世俗相融的架势，以为这样很酷，觉得这样的自己才真正地独一无二，才是人们眼中最特别的那一个。

其实要说女孩儿平时要点小个性也没有什么，最让妈妈担心和头疼的是，她们太急于在人前表现自己，甚至在美丑概念上都出现混淆，甚至把缺点误当作自己的特点大肆炫耀，觉得这才是自己区别于别人的地方，这时候的她们不再介意缺点的存在，甚至误将这种存在视为一种表达个性的美。总之，只要是别人身上没有的东西，在自己身上不论好坏都是值得珍惜的。这就对她们今后的人生发展制造了很多麻烦和问题。每当妈妈指出她们的错误时，她们不是及时改正自己的错误，反而有意识地把这种错误无限夸大，还误认为这是自己有别于他人的标志，觉得这才是自己应该保留的个性。试想一下，假如有一天自己的女儿也在做着这样愚蠢的事，作为母亲的你应该如何处理呢?

罗琳最近让妈妈非常头疼，15岁的她每天都在想着怎样彰显自己的个性，她总是对身边的人说：“人生最有意义的事情，就是让自己活得与众不同，我就是要和别人不一样。我身上与他人不同的特质，不管是优点还是缺点，我都会认真地把它们留住，因为这些都是我生命中的一部分，我有权力保护它们，而它们也一定会让我的生命更加精彩，我永远都能活成众人眼中的No.1。”

她在牛仔裤上用剪刀划开了好几个口子和洞；她蓬乱着头发，却故意不去梳理；她在上课时公然与老师对峙吵架，问其原因所给出的回答却是：“没有什么原因，我就是看他不顺眼。”吃饭的时候罗琳还会把饭倒掉，当别人问她为什么要浪费粮食的时候她却回答是：“饭吃的不顺口本来就要倒掉，难不成还要让它因为这个折磨我的胃吗？”就这样，罗琳每天都是那么的我行我素，时间一长，很多同学见到她就远远地躲开了，可她却对大家这样的表现不以为然，觉得是自己独一无二的特质震撼到了她们，她们的思想意识根本无法与自己相比，自己目前的层次已经比别人高出了很大一块。

为了让罗琳不至于影响到别的同学，老师特意打电话给罗琳的妈妈，听了孩子在学校的怪异举动，妈妈很生气也很着急，决定等罗琳回来好好地跟她谈谈。

这天罗琳回到家，妈妈就把罗琳叫过来问：“罗琳，能跟妈妈说说什么是你眼中的个性和特质吗？”

“个性、特质？那就是让人感觉独一无二，只有我身上有，别人身上没有的东西呗。它们都自带光环，可以帮助我彰显出自己的与众不同。”罗琳得意地说。

“那如果在你身上的这些个性、特质，你是希望利用它们让这个世界更加美好，还是让世界更加糟糕呢？如果你觉得外面的世界有点远，那妈妈再问你，你觉得这些个性、特质是应该让你更加优秀，还是让你更加低劣呢？”

“您这话什么意思，当然是让我更加优秀了。”罗琳不解地问。

“可是妈妈觉得，现在你所保留的有些个性和特质，让昔日那个妈妈眼中听话的好孩子，变得越来越糟糕了。看看你现在的样子越来越拿手里的东西不当回事儿，裤子绞出那么多洞，新买的衣服也搞得破破烂烂，吃饭的时候也不知道节约，对身边的人也越来越没礼貌。以前我们家的罗琳身边常常有很多朋友陪伴，可现一个也看不见了。长此以往，不知道我这可怜的孩子还会变成什么样子。”

“哎呀，妈妈，衣服变成那个样子不是很好吗？人家有个性的明星都那么穿。”罗琳反驳道。

“那你为什么不看看明星身上还有什么别的光环呢？不是什么人一穿上这身‘乞丐服’就能成为明星的，也不是自己说怎样搞个怪，就能立刻受到大众追捧的，再者说通过这种方式受到大众追捧也没有什么好高兴的，因为他们不是在为你的优点呐喊，而是在那里一味地吹嘘着你的缺点，这是一种倒彩，是不足以让人以此为荣的。”

“那您说怎样才算是真正活出了自己的味道呢？”罗琳反问道。

“首先要分清什么是美、什么是丑，哪些是自己的优点，哪些是自己的缺点，知道自己有什么，应该改进什么。然后尽量展示自己美的地方，发扬自己的优点，把这些成为自己展现个性的主旋律，同时要尽快改掉自己的缺点，让自己的整个人变得越来越完美，越来越有自己的味道。这样自己才能持续不断地向着美好的方向发展。所谓特质与个性，不应该仅仅达到让你与众不同，还要帮助你实现真正意义上独一无二的美，让你拥有一种与众不同的魅力，能够吸引更多美好的事物和美好的人来到你身边，这才是你最应该努力的方向，也是你当下最该做的事情。”

青春期的女孩儿看似已经成为大姑娘，其实内心还是很不成熟的，作为母亲，我们应该及时地引导她们，帮助她们树立正确的人生观和价值观，分清美与丑、好与坏，告诉她们什么是自己真正值得珍惜的特质，怎样才能更好地展现自己、经营自己；而不是一味地追求与众不同，一味地哗众取宠，甚至误将缺点当作自己独一无二的特质。只有这样，女孩儿才能对个性和特质有一个清醒的认识，才会让自己的每一步走得更加坚定、更加美好。

不要对世事过于批判，用心欣赏不更好吗

在女孩儿小的时候，她们觉得这个世界上任何一样东西都是美好的，即便是手里只有一片树叶，她们也可以坐在那里和它玩儿上半天，觉得那是世界上最好的玩具。可等到她们慢慢长大，步入青春期的时候，你会发现女孩儿看待世界的角度发生了翻天覆地的变化，她们开始试图表达自己对这个世界的不满，不再对它抱持欣赏的态度。她们总觉得外面的一切都是自己看不惯的地方。就连自己的家，自己的父母，她们也时常夹杂着各种挑衅和批判，这种感觉让她们的情绪越来越亢奋，同时也夹杂了深深的忧郁和苦闷。面对女孩儿这一突然的变化，作为母亲的我们应该抱以怎样的态度，又应该怎样对她们加以引导呢？

岚岚是一个很爱思考的女孩儿，小时候的她特别喜欢看书，会写拼音的时候就开始迫不及待地用手里的笔写下自己对于这个世界的感想，字里行间充满了对这个世界美好的展望和期待，同时也抒发着自己内心对它无限的热爱。

然而当岚岚一步步走到了青春期，昔日那个爱畅想的姑娘却摇身一变成了一个四处泼洒辛辣言辞的批判家。她所看的书籍从昔日唯美的散文变成了富有批判性的社会嘲讽小说，虽然自己对其内容一知半解，心里却开始对世界积累起了各种看不惯，今天说社会的体制不健全，明天说世道人心太险恶，后天又

看不起那些为了工资而卑躬屈膝者的做派，大后天又开始讽刺那些有点本事就出来卖弄的人。总之，岚岚似乎与眼前的世界越来越格格不入，她看到什么都想批判，看到什么都觉得不完美，甚至觉得身边的每一个人都有她看不上的坏毛病。

时间一长同学们都开始躲着岚岚走，调侃她是新时代的“鲁迅”，不知道哪天自己无意间的一个举动被她发现，就会立刻被她批判得狗血喷头。谁愿意抱着丢人的危险和她在一起交往呢？

不光同学觉得岚岚越来越不对劲，就连岚岚妈妈也意识到了这个问题，妈妈发现，每次跟岚岚沟通，她的语言里总是带着对这个世界各种各样的不满，甚至于这种不满已影响到了家庭的和谐，岚岚甚至觉得爸爸妈妈就是剥削者手里的牺牲品，为了一份工资没完没了地在公司加班加点，有时候受了委屈还要赔笑脸，感觉有失中国人的骨气。起初这些话妈妈还能忍受，待最后越想越觉得有必要好好地跟岚岚谈谈。

这天岚岚回到家又开始喋喋不休地发表她那套批判言辞，此时的妈妈却严肃地做出了一个暂停的手势说：“岚岚，我觉得你现在看待世界的角度出现了很严重的问题，明明很美好的事情，让你这么一说就变成了一片黑暗。老实说妈妈并不觉得自己是剥削者的牺牲品，妈妈很爱自己的工作，上司也对妈妈很好，而且妈妈也在工作中找到了属于自己的成就感，每天都有事情忙，让妈妈觉得非常开心。至于薪水，妈妈觉得那是自己的劳动所得，妈妈用这份劳动所得让岚岚过上更好的生活，获得更好的教育，心里会觉得特别开心。至于你说这个社会的体制，你说这社会有多么丑恶，妈妈并不觉得。相反妈妈看到的社会非常和谐，自己一走进院子就有年长的大妈跟你打招呼，一遇到难处还会有很多朋友伸出援手，这些不都是幸福吗？不可否认，每个人都有不同的毛病，但这并不代表着所有人的人心已经坏到了你说的那个地步。如果真是你说的那样，估计这个世界的末日早就来到了。可你看，每天早上起来，空气还是那么清新，树木生长得还是那么茂盛，小鸟也在无忧无虑地欢歌，哪里有你说那么丑恶？”

妈妈停了停接着说：“岚岚，有句话叫作相由心生，你的心觉得这个世界是什么样子，那它必然会在你眼前呈现出什么样子。现在你的内心是充满批判的，以至于你自己感受不到这个世界真正的美好，而人生最美的境界就是带着欣赏的眼光去经历生命中的每一件事。妈妈觉得现在的你应该把那些批判的书籍放放，重新带着微笑去看待生活中的大事小事，让自己回归到曾经美好的境界里。这时候你就会发现原来自己曾经错过了那么多幸福的事情，原来这个世界上还有那么多东西值得自己去珍惜。”

妈妈的话强烈地震撼了岚岚，她突然意识到自己问题的所在，她毅然放下了那些批判家的书，重新抱回自己曾经非常喜爱的散文和诗集。

正如许巍在歌里唱的那样：“人生不止眼前的苟且，还有诗和远方的田野……”不可否认，人活在这个世界会经历很多的不如意，但这并不代表着我们要用批判的眼光去面对一切，对美好的事物不再向往和欣赏。作为一个青春期的女孩儿，叛逆的年华让她们对这个世界的批判带有着偏激和盲目性。而这个时候，妈妈应该针对女儿的这种叛逆性批判及时地加以引导，将她从盲目批判转移到向往美好的道路上来，让她们重新用欣赏的眼光看待人生，不断地在生活中寻找快乐和美，这样她们才会在今后的人生路上走的更加畅快、更加洒脱、更加幸福。

想表现自我却失去了自我

不可否认，这是一个崇尚自我的时代，世界给了每个人表现自我、发挥特长的舞台。以至于很多年轻人都可以自豪地说："我就是我，是人间与众不同的烟火。"但有许多青春期的女孩儿不知如何表现自我而陷入了迷茫，她们渴望彰显自己，渴望活出属于自己的特色，却感觉自己越是朝着这个方向努力，越失去动力，最后迷茫得找不到方向，以至于最终不但没有展现出自己的个性，就连心目中那个自我的样子也越来越抽象、模糊了。

波波今年15岁，渴望与众不同的她特别希望自己能在人前彰显出属于自己的个性，受到所有人的青睐和好评。为了使自己更优秀，她不断地向身边比自己更优秀的人学习，每当看到对方身上的闪光点，不管适不适合自己，她都会不断地提醒自己："今后我也要像她那样，她身上有的我也一定能有，我会活出比她还要优秀的自我。"

就这样，波波反复地向别人学习着，努力着，成就着自己，可有一天别人一句不经意的话让她一下子茫然了："你这么努力地学习别人，对成就自我来说真的有意义吗？学来学去，还不是要成为别人的样子？那你自己哪儿去了？"虽然这话如冷箭一般有杀伤力，但波波觉得对方说的一点儿都没错，自己俨然不知道自己应该成为什么样子，也不知道继续这样下去的话未来的自己会不会成为别人的翻版。于是波波陷入了迷茫，再看到别人身上的优点，心里就要经历一番斗争与矛盾。

此时的波波陷入到了恐慌之中，她不知道该怎么办。眼前自己手里的一切好像都不再是自己的，又好像都是自己的。而到底心中的那个自己在哪里，她一下子找不到答案。她努力地用自己的心去召唤她，但是对方却始终没有应答，以至于这个爱说爱笑的女孩儿渐渐变得沉默寡言，觉得自己把自己杀死了。

看着波波意志消沉的样子，妈妈和波波坐下来交谈了解情况。话还没说几句，波波就忧伤地说："妈妈，我把我自己弄丢了，我现在感觉我越想活出更优秀的自己，就越是没有我自己，我现在感觉自己被别人占满了，感觉自己被从别人那里学到的一切给'谋杀'了。我一点都不开心，反而像个被欺负的小孩儿，一点点地丧失着自己的意识，每次想到这些自己都好害怕啊。"

听了波波的话，妈妈安慰道："波波啊，你不是喜欢三毛的书吗？三毛的书里有这么一段话还记不记得：'所有的人，起初都只是空心人，所谓自我，只是一个模糊的影子，全靠书籍绘画音乐电影里他人的生命体验唤出方向，并用自己的经历去充填，渐渐成为实心人。而在这个由假及真的过程里，最具决定性的力量，是时间。'在妈妈看来，你现在不断地向别人学习，努力地充实自己没有什么不好，当自己的知识和内涵得到丰富的时候，你的思想会不断上升到新的高度，你会领悟到更多以前难以领悟的东西，这就是内心的一种生活，或许你现在觉得自己是一个破碎的人，很多想法都还只是残破的碎片，但不要紧张，因为新一天的自己必将在经历一番涅槃重生后获得更完整的新生，那时候的你会更加知道自己想要什么，而那个时候的你也将更加完美、更加充实。你现在啊，就正在一步步地朝着这个完美的方向走呢，将自己想要的牢牢地抓在手里，不要再考虑什么自我，因为只有真正拥有了提升自己的资本，你才能最终搞清楚真正的我在哪里。"

听了妈妈的话波波一下子明白了许多。

人生就是这样，我们追逐来追逐去，最终却发现自己的那个我不知道哪儿去了，这件事成年人有时候都会发蒙，更不要说一个正值青春期的孩子。因此，当女儿陷入这样的迷茫时，妈妈应该努力地安抚她们内心的情绪，告诉她其实自己并没有丢失，而仅仅是处在自己思想内涵的上升阶段，而在这个阶段中自己最重要的是充实自己，不断地学习和吸收知识的养分，而当羽翼丰满的时候，女孩儿自然看到自己身上那个美丽的光环，找到真正的自我，找到属于自己的美丽天堂。

不知道自己在追逐什么

如今的青春期女孩儿看见别人手里有什么，就渴望去追逐什么。此时的她们对追逐的东西带有着一种空洞性和盲目性，她们不知道什么是自己需要的，什么是可以略去的，只是看见别人在追，自己也就跟着追了。这种状态在心理学上有一个名词，名为“从众心理”。明明自己不需要的东西，别人买自己也买，明明自己可以节省下来时间做自己喜欢的事情，结果看着别人都在那里追逐，自己便也跟着朝那个方向跑。从某种角度来说，越是青春期的女孩儿，越是会在这种盲目的追求下丧失理智，假如这样一味地盲目顺应，养成了无目的追求的从众心理，那很可能影响到将来她们一生的决策力。

琪琪是老师和父母眼中的乖乖女，从小到大她都特别地乖巧听话，爸爸妈妈让她干什么，她就去干什么，老师让她好好学习，她就努力地好好学习。时间一长，琪琪妈妈突然发现琪琪身上存在一个非常严重的问题，那就是盲目追求的“从众心理”。

这天，琪琪和朋友一起看到时尚杂志里女模特穿的衣服很好看，是当下的最新款，而且是很有品位的牌子，此时朋友在一旁感叹说：“假如谁要是家里有这么一件衣服，穿出去绝对是一种荣耀。”结果琪琪就把这一切记在心里，拿出自己的一大部分压岁钱，想方设法地买到了那件衣服，结果一试穿，不但款式不适合自己，也没有合适的场合穿。尚在青春期的她只得默默地把它装进了箱子，再也没让它见到阳光。

再到后来，琪琪班里的同学开始讨论未来高考填报志愿的方向，有些同学说自己会报考商科管理学专业，说这个专业有发展，未来说不定还能成立属于自己的公司；有些同学说自己想报外语专业，因为现在外语很吃香，掌握几门地道的外语走遍世界都不怕；有些同学说自己会报考中文系，这样更容易把自己培养成一个地地道道的文学家；还有的同学说："哼，你们都OUT啦，我要报考电影学院，成为一流的明星演员，到时候你们就等着在电视里给我叫好吧。"听着大家叽里呱啦地说着自己的志向，坐在一边的琪琪脑袋一片混乱，她觉得哪个专业看起来都很好，哪个自己都想追求，可这么多领域又怎能融汇到一个专业里呢？于是她陷入了苦恼，并回家把这种苦恼告诉了妈妈："不知道为什么，我现在觉得我自己的追求特别盲目，以前我想追求个玩具、衣服，都轻松地得到了，但如今面对这么多的选择时，自己一下子就茫然了。我发现自己真的挺失败的，追来追去，都不知道自己在追什么，也不知道自己真正想要什么。"

听了琪琪的话，妈妈笑笑说："其实妈妈早就意识到了琪琪的这个问题，要想解决也很简单，首先我们先看看自己目前拥有什么，自己目前追逐的跟自己拥有的是不是造成了重叠，如果是那样我们就可以将它一笔带过。但是如果没有发生重叠，那很可能会对当下的自己是一个补充，那么就暂时把它放在待选的框框里。至于选择嘛！首先就是要认清自己，认清自己是一个什么样的人，要成为一个什么样的人，让自己处于一种什么样的状态会更快乐，搞清楚了，确定了，那就勇敢地朝着这个方向努力。比如你说的志愿方向，琪琪首先可以先观察一下自己，看看自己真正喜欢什么，对什么最感兴趣，有哪些天赋和优秀特质，而这些优秀的特质和天赋与哪个专业最匹配，这样自己的思路一下子就清晰了，追求自然也有了更准确的目标。不妨你试试看？"

听了妈妈的话琪琪点点头。此时的妈妈和蔼地说："孩子，人生在世是需要有追求的，追求是动力，可以让你创造更美好的自己。但也不能过于盲目，人生是有限的，我们要把有限的时间和精力投入到最重要的事情上去。所以我们追求的目标一定要明确，要非常清楚什么是自己需要的，什么是不需要的，通过努力自己能得到什么。这样一切都很清楚了，在选择的时候也就不至于陷入恐慌了。”

很多女孩儿都想成为更优秀的自己，都想拥有自己渴望的一切，所有美好的事物她们就会想尽一切办法去得到。而这就容易让她们陷入一个误区，那就是什么都想要，却忘记了自己最应该得到的东西。她们在追求上的盲目导致她们在人生选择上出现问题，错失了大把宝贵的光阴。因此作为妈妈，我们应该针对女儿追求这件事提前做一个细致的沟通和疏导，告诉她们如何选择，让她们在追求的过程中目标明确，这样行动起来才会更理智，也更容易赢得生命中该得到的东西。

第十一章

静下心来与女儿谈理想

每个青春期的女孩儿都有属于自己的梦想，她们将自己的心思写在上了锁的日记本里，她们会一边听着音乐一边用深邃的眼神看向远方。作为母亲，我们知道女儿是有梦想的，越是年龄见长，心中渴望成就的梦想就越是会清晰地印在脑海里。关于未知的明天，关于方向的追逐，很多女孩儿都有着自己的迷茫和惆怅。所以这个时候，不妨为她们倒上一杯暖茶，在和煦的阳光下，安详地与她们聊聊理想，我们必定走过这么多路，经历这么多事，有这么多经验，才终于可以有这个底气以过来人的身份一边倾听，一边给她们指点一二了。

与其追星，不如做更好的自己

作为妈妈，我们也年轻过，那时候的我们也曾对未来充满期待，也曾对着海报中的明星心潮澎湃。还在上学的年纪，即便是囊中羞涩，也会攒下零用钱去买几盘歌星的磁带，小伙伴们会把歌词精心地抄写在一个漂亮的本子上，这或许就是那个时代的追星族最爱干的事情。

如今时代在发展，新兴的明星在不断崛起，很多青春期的女孩儿除了追求歌星影星，甚至还会把一些卡通人物当作自己的偶像来崇拜。看着她们每天沉迷于追星，时不时地还会模仿一下明星的做派，这样让做妈妈的心里不免有点不安和担心。作为过来人的妈妈应该知道，女儿绝对不能沉迷于其中，因为人生是自己的，明星不会给你的人生买单，真正能够决定自己幸福的只有自己。

彤彤最近喜欢上了一个歌星，每天回家第一件事就是在手机上搜罗关于这个明星的消息，房间墙壁上贴满了这个明星的照片和海报，就连跟人聊天，三句话不到也会转移到这个明星身上。连最爱说的口头禅都是："你看我们家小星星，前段时间又开演唱会了，他一定要努力，我一定会支持他的。"

时间长了，妈妈觉得不能再这样下去了，现在学校的课业学习那么紧张，这个傻女儿却把大量的时间浪费在这个素未谋面的明星身上，如果因为一个追星耽误了自己的学业前途，那实在是太不划算了。于是妈妈最终决定和彤彤好好谈谈这件事。

这天彤彤又在看那个明星的最新动态，这时候妈妈走过来说："彤彤，又在看你的小星星呢？妈妈前段时间也关注了他的一些信息，尤其是他的成长史。"

"是吗？其实，我家小星星一路走来很不容易的，所以我一定要支持他。"

"的确，你家小星星一路都很努力，他上学的时候没有花费很多精力去追星，而是努力地丰富自己，增长自己的知识和能力，最终才有了今天的成就。可是彤彤却没有人家的这种坚持，反而却把大量的时间荒废在了没必要的事情上，这貌似和小星星的优秀特质很不相符啊！彤彤，小星星现在成就了，他可以从你们看的有关他的节目中获得高额报酬，因为那是他的工作，而你只知道不断地在他身上投入人力、物力、财力、精力，除此之外你又得到了什么呢？"

听了这话，彤彤沉默了一会儿说："那难道人就不能有自己的偶像了吗？"

"可以有啊，妈妈没有说你拿小星星当偶像不对，但至少你要知道应该向这个人学习什么，而不是盲目地觉得他很帅、唱歌很好听就完了。彤彤要学就学他坚持不懈努力奋斗的精神，如果小星星在彤彤的眼中是完美的，那么至少彤彤应该相信，小星星在你这个特殊的年龄阶段一定很专心，不会沉迷在不必要的事情中，所以彤彤也要在学习上很用功才行。其实在妈妈看来，不能把追星作为当下最重要的事，因为人生是自己的，你的小星星为自己选择了正确的人生，那么彤彤也应该对自己的人生做出正确的选择，彤彤要做的是去做最好的自己，而不是用大好的光阴去看别人。"

听了妈妈的话，彤彤不再说话，她一边收起墙上的海报一边说："小星星，再见！我要做我自己了。"

这个特殊阶段的女孩儿常常会受到时尚潮流的诱惑和吸引，而妆容精致、打眼又光鲜的明星，满足了青春期女孩儿的所有需求，自然也就成了她们追逐的对象。作为妈妈，我们要及时引导孩子，不要过于沉迷于明星的世界，而是要把更多的精力集中在自己的人生。我们要告诉女儿，明星再美，也只是他们自己，即便你天天追，把他们捧上天，他们也不会为你失去的时间买单，所以理智的女孩子一定要把宝贵的时间投入到自己学业上，这样以后才不会后悔，才能成为最好的自己。

做自己人生的导演

每个女孩儿心中都有属于自己的梦，尤其是青春期阶段，她们渴望能够上自己向往的大学，拥有最潇洒的校园生活；渴望未来能从事自己喜欢的行业，并在这个行业中取得骄人的成绩。当然也有一些女孩儿，根本描绘不出自己的未来，她们很自卑，也很迷茫，不知道自己未来应该做什么，能做什么，所以造成生活缺乏动力，学习积极性不高。

针对这样的问题，妈妈怎样才能有效地帮助她们解决呢？作为母亲的我们应该从一开始就告诉女孩儿这个道理，人生的故事是自己写，人生舞台的主角也是自己，一切的一切，主动权都在自己手里，从现在开始，从每一件事情开始，努力写好自己的故事，让自己这个角色亮彩。人生犹如一场电影，真正的导演就是自己。

美美是一个很容易忧伤的女孩儿，她自卑、沉默，总觉得自己没有别人优秀，每当看着身边的同学在那里慷慨激昂地展望未来，自己就会在一边惆怅，心想："啊！他们都好优秀，他们肯定能够实现梦想，可是我哪里比得上他们啊，我的成绩平平、相貌平平，而未来的我究竟会成为什么样子呢？我不敢想啊！越想越觉得迷茫，越想越觉得很黑暗！"

于是美美悄悄地把自己的惆怅写在了微博上，恰巧被偶然上网的妈妈发现了，看到女儿有这样消极的想法，妈妈觉得要想办法帮女儿拾起自己对未来的信心。

这天美美回家，妈妈便拿着一本马云的书给她看，妈妈说："美美啊，妈妈最近一直在读这本书，发现马云在没有发展起来的时候由于相貌让人觉得不达标，面试四处碰壁，很多理想都没有实现，甚至找工作都成了问题，最后逼得自己创业，从做翻译公司到创建阿里巴巴，好不容易啊；但自始至终，他从来都没有消极过，而是一直都很阳光乐观，最后他把自己设想的一切都落成到现实中，你看他现在发展得多好啊。"

美美听了点点头说："马云确实很厉害，但是这个世界上有几个马云啊？"

"不要这么说，你不是特别喜欢听高晓松创作的歌吗？有一句话说得好：'每个人都是带着剧本来到这个世界的。'美美，你就是自己人生剧本的总导演，也是编剧和主角，一切都掌握在你自己手里，只要你努力就完全可以给自己编排出一个美好的未来。"

"那我应该怎么导演我自己呢？"美美羞答答地问。

"先树立自己的理想啊！问问自己想做一个怎样的人？这样的人应该具备哪些能力？而自己又怎样才能获得这样的能力，为了获得这些能力，应该设定怎样的阶段目标。比如现在最应该做的事情是考上自己向往的大学，到时候去自己最感兴趣的专业学习，尽可能多地掌握相关专业技能，之后咱们可以到最棒的单位去实习，一点点地去实现一个又一个目标。"妈妈说道。

"听着很不错，但我能导演好吗？我怎样才能有这份自信呢？"美美说。

"所以你从现在就要努力啊，从每一个细节着手，努力把最佳的状态演绎到生活学习中，时间一长，随着阶段目标一个个地实现，成就感就有了，自然也就有自信了。到那时候，相信美美说话的声音都会更爽朗呢。"

听了妈妈的话，美美的脸上露出了微笑说："那、那我就试试吧。"

"好，妈妈永远支持你。"妈妈摸着美美的头，鼓励地说。

青春期的女孩儿因为前途还不明朗，自己经济也没独立，很容易陷入迷茫，假如这个时候成绩上升又遭遇瓶颈，心中难免会失落。其实，越是对未来充满未知，她们越是不相信自己能够做到最好，越没有自信。所以这时候妈妈应该给予女儿更多的鼓励，告诉她们自己就是人生的总导演，只要自己相信未来一定能成功，就一定可以通过自己的努力去实现它。同时妈妈应该引导女儿做好自我规划，让自己每一天都生活在阶段性的目标里，这样不但自己心里会更踏实，也更容易取得学业上的进步。

妈妈还要告诉青春期的女儿，人生没有彩排，要想好了再去做，做自己行动的主人。只要坚持下去，你会在这样不断的努力中赢得美好的未来。

带着女孩儿独有的美去远行

虽然如今的时代给予了女性更多的发展平台，但在很多老年人看来，女孩子还是应该更顾家，打天下的事情应该交给男人，只要女孩子知书达理，未来嫁个好人家相夫教子就很好。而这种传统想法，很容易造成青春期女孩儿恐慌，她们希望自己能做人上人，却怎么也逃不开这种观念束缚，有时心里会莫名地恨起自己的性别来，觉得自己要是个男孩儿，这一切的痛苦和迷茫都不会存在。于是她们开始整天闷闷不乐，不知道自己未来会成为什么样子。这个时候就需要妈妈来及时解开她们的困惑，告诉她做女生的快乐，告诉她性别并不能局限她的未来，只要自己肯努力，照样可以做到巾帼不让须眉。

爸爸妈妈工作很忙，薇薇从小是在爷爷奶奶的照料下长大的，尽管薇薇学习成绩一直很好，但爷爷奶奶却从来没有夸奖过她，还总是说："女孩子，以后有一个稳定的工作，找个好男人结婚，相夫教子就好！没必要那么累，认识字，会简单地算个数就好了。谁也不会要求一个女孩子要有多高的成就……"

薇薇从小就在这样的观念影响下成长，每当听到爷爷奶奶这样的话，心里就会禁不住恐惧凄凉，她一次次地问自己："难道女孩子的人生只能这样吗？未来的我真的就是这样的宿命吗？"于是薇薇变得越来越沉默了，她开始痛恨自己的性别，恨自己为什么不是一个男孩子，如果自己是个男孩子就不一样了。

薇薇小学毕业后回到了父母身边，虽然她嘴上不说，有关性别的问题却在心里一直反反复复纠结着，始终为自己是个女孩子而痛苦，每天意志消沉，提不起精神。

看到薇薇这样的状态，妈妈觉得很奇怪，就问薇薇到底是怎么回事。看到妈妈关切的样子，薇薇一下子委屈地哭起来，说："妈妈，我害怕，我害怕长大，因为长大以后就要接受女孩儿的宿命，我会因为结婚被家庭束缚实现不了自己的人生价值，我会因为自己是个女孩儿活成一个没有价值的人。"

听了薇薇的话，妈妈诧异地问："你怎么会有这种想法呢？什么年代了，男女都一样，有些女性的能力甚至把男人远远地甩在了后面，你怎么能说自己是女孩儿就活得没价值了呢？"

薇薇擦着眼泪说："我就是害怕，我就是觉得自己是一个女孩子，就不能像男孩子那样闯天下，就不能有雄心壮志去实现自己的梦想。"

妈妈听了把薇薇抱在怀里说："不会的，薇薇有权利选择自己的人生。男孩子固然阳刚勇敢，但做女孩子也有女孩子的好啊，我们比男孩子更细致、更认真，我们有感性的一面，而这种感性是最容易给这个世界带来美的。我们有这天生的灵气，可以让我们体会到很多男孩儿体会不到的东西，我们有很高的悟性，更有利于我们与天地沟通，感受自然的美好和博大。女儿啊，女人的心犹如大地，她有爱，有包容，有温暖，有亲和力，而且具有灵性与美丽，所以要妈妈看，男孩儿固然有男孩儿的好，但做个女孩儿也不错啊。我们可以把自己打扮得漂漂亮亮的去为自己的梦想奋斗。每个人来到这个世界上，都有自己的天命职责，谁说你就不是上天青睐的那一个了？"

听了妈妈的话，薇薇眼睛恢复了光芒，拭去泪痕开心地问："那我还是可以实现我的理想对吗？我作为女孩儿也是可以活出自己精彩的？"

"是啊！只要你肯努力，梦想的大门就会向我们的薇薇敞开，谁也阻挡不了。"

作为一个青春期阶段的女孩儿，心里本来就对能不能实现梦想心有疑虑，假如这个时候有谁再向她灌输所谓“女孩儿的宿命”，她们的内心就更会产生不安全感。这个时候，妈妈一定要及时引导女儿及早从这种不必要的性别悲伤中走出来，告诉她们每个女孩儿都有权利追求自己的未来，而且还有男孩儿没有的独特优势，具备上天赐予的各种美好的特质，每个女孩儿心中都应该充满希望，带着自身独特的美，快快乐乐地去实现自己的理想。

为自己的理想掌舵把航

当下很多父母都会犯一个毛病，总是把自己儿时没有实现的梦想，无形地强加到自己的孩子身上，把家中孩子当成是自己生命的延续、希望的延续、理想的延续，觉得不管是出于孝心还是出于这么多年的养育之恩，孩子都没有资格提出不同意见，都应该无条件地接受父母的安排。但父母忘了，孩子是独立的个体，她有她自己的理想，有她对于未来的规划，她应该成为自己的主人，理智地做好生命中的每一个选择。她应该是自己人生航船的掌舵者，驾驶着自己的小船乘风破浪，最终实现她自己的目标。

马上要填报中考志愿了，甜甜却一脸的迷茫。她知道爸爸妈妈最想让她填报的是北京四中，因为那是当年爸爸妈妈最想上的学校，爸爸因为一分之差与之失之交臂，妈妈考上了四中却因为家境困难最终没能完成学业。所以爸爸妈妈都支持甜甜填报四中。可是甜甜并不想这样，她向往的学校是二外附中。因为在她看来，自己向来最喜欢的就是英语，而这个中学的强项就是外语，她希望自己未来能够成为一名优秀的翻译官，具备同声传译的能力。上这所学校可以让她距离梦想更近，比起四中，二外附中让她更感兴趣。可是如果自己填报了自己心目中渴望的二外附中，心里又觉得对不起爸爸妈妈，所以每天内心都无比烦闷，郁郁寡欢。

这时，妈妈看出了迹象，把甜甜找来交流，看着妈妈真诚的眼睛，甜甜忍不住将自己的想法告诉了妈妈，谁知妈妈听了以后爽朗地笑起来说：“我还当什么事儿呢，原来是这个事儿让我家女儿这么纠结啊！宝贝，人生是你的，理所应当由你自己掌舵。既然你觉得二外附中离自己的理想更近，那就放心地报吧。爸妈的理想是爸妈的，你的理想是你的。妈妈不可能跟你一辈子，你早晚要长大，早晚要对自己的人生做出选择。所以妈妈为甜甜能够坚定自己的理想而感到高兴，也希望你再接再厉，以后也能够慎重认真地做好自己的每一个选择。妈妈可以助力甜甜，却不会替甜甜做决定。”

听了妈妈的话，甜甜欣喜地问：“那么说，妈妈是不反对我去二外附中啦？”

“当然，妈妈支持你，不光如此，妈妈假期还要给你找一个英语说得超级棒的辅导老师，提升你的英语水平，争取一举拿下中考，成为二外附中的尖子生。”妈妈鼓励说。

“妈妈，你真是太好了。”甜甜说。

“嗯，所以女儿，好好去努力吧，妈妈会做你生命航程中的风，全力地助你这艘航船到你想去的任何地方。”

理想面前每个人都是平等的，它没有辈分之分，完全在于每个人对自己的未来设定的要求和目标。作为妈妈，与其要求孩子一定要按照自己的想法去做，不如彻底放开她们的翅膀，让她们尝试着自己去飞翔。尽管现在乖巧的女儿还在父母无微不至的照料下可以很舒适地生活着，但已经到了青春期的她们很快要长大的。对于选择她们的未来这件事，妈妈最聪明的举动就是引导着孩子自己做出决定。

作为妈妈，我们可以做女儿身边的助力，可以针对问题发表自己的意见和看法，但不要强制女儿做任何决定，因为决定权在于她们自己，她们有权利选择自己的人生，有权利掌握自己的未来，让她们从小就学会审慎地为自己做决定，这也是一种自立的成长过程。所以，让我们张开双臂去拥抱女儿吧，跟她说："未来是你的，理想是你的，你有权利为自己掌舵。"

为理想做一个可行的规划

现在很多青春期的小姑娘总会犯这样的毛病，那就是理想很远大却没有具体规划。一谈及梦想她可以跟你兴奋地聊上三天三夜，畅想一个星期。但假如这时候你问她："这么好的理想，你有什么细致的规划吗？"此时的她就会立刻变得很尴尬，表情很不自然地说："未来还很遥远呢！我现在经济也没独立，而且还这么小，对社会一点都不了解，你让我怎么规划啊？"此话一说，前面的豪言壮志就都成了纸上谈兵，一点实质上的意义都没有了。

对于青春期女孩儿的理想问题，妈妈应该及时地和女儿进行沟通，让她们知道人生光有理想是不够的，它还需要系统、具体的规划，要把远大的理想划分为一个个有阶段性的目标，一步一步地去完成。这样自己一步步走下来才不会空洞迷茫，每攻克一个目标，自己就知道又朝着实现自己的目标迈进了一大步。

蓉蓉是一个非常爱幻想的女孩儿，正值青春期的她说起自己的理想来那真是一套一套的。她经常会对身边的朋友们畅想自己美好的未来："我的未来一定会成为一名优秀的作家，我的书迷散布在世界的各个角落，他们对我敬仰得不得了，以后我签名售书的时候，队伍一定能排一大溜，签到手疼了都签不完；我会参加节目专访，电视上新闻里，你们都可以看到我；我会定期举办书迷见面会，和我的书迷粉丝互动；我的小说会改编成电视剧，登上电视播放的黄金时段，到时候，哈哈哈哈！你们等着瞧吧。”

起初同学们还会跟着表达一番崇拜，说一些“哇！蓉蓉好厉害啊”这样的客套话，但时间一长，大家就听烦了，因为每当问到怎么落实这一切，蓉蓉就没有了下文。这样虎头蛇尾的演说，听一次就已经够了，谁还有那个闲工夫陪这个纸上谈兵的姑娘浪费时间？

于是时间一长，大家一看到她想谈理想，就会堵起耳朵，嘴巴里叫着：“不听不听。”这让蓉蓉一下子意志消沉了，她不知道自己错在哪里，于是蓉蓉把自己在学校的遭遇告诉了妈妈。妈妈一听就明白了问题所在，她对蓉蓉说：“蓉蓉啊，你描绘的未来很好，但是千里之行始于足下，你总要设计一个规划，一步一步地实现自己的目标啊！”

“可是究竟应该怎样规划呢？”蓉蓉挠着头说。

“很简单啊！首先你先看看当作家需要具备什么样的能力，而自己应该为实现这个伟大理想做怎样的准备。比如每天要坚持练笔，一年要看多少本书，怎样练习观察能力，怎样提升创作的悟性。而自己应该考取一所怎样的大学，哪个学校的文学专业最棒？它们要求学生具备什么样的实力？要考到这个学校的文学专业至少要考多少分才能录取。这一切都是具体的措施规划，当你把这些措施联系起来形成体系，就是你的规划，按自己的规划一步一步地走，一个目标一个目标地完成，你就会感觉距离自己的理想越来越近，说话和行动也越来越有底气了，再谈到理想，脑袋就不再空洞，至少能列出个一二三，让别人知道你是有计划的，也是有能力把计划逐一落实的。”

听了妈妈的话，蓉蓉点点头，立刻和妈妈一起做起了实现作家理想的规划，随着一个个目标的明确，蓉蓉觉得整个未来清晰了起来，此时的自己宛如已经处在了实现理想后的喜悦中，整个人都更有动力、更有信心了。

每个女孩儿都有自己的梦想，但是由于年龄的局限，她们大多缺乏的是实现梦想的方法。作为妈妈的我们应该告诉女儿，最有效的自我成就来源于可行的规划，终极理想是由一个又一个阶段目标组成的。想真正实现梦想，就要学会掌握实现这些目标的本领，同时始终让自己保持在落实梦想的最佳状态，以积极乐观的态度去面对它，以轻快的节奏去完成它，相信过不了多久，你的女儿就一定可以收获不小的成就，而此时她的梦想再也不是空洞的演说了。她终于可以自信满满地说："只要一步一个脚印地努力攀登，实现梦想是早晚的事儿。"

第十二章

谨慎选友，珍惜友谊

女孩儿到了青春期，心中最渴望的就是能够有那么几个交心的朋友。因此她们会努力地结交身边的同学，认真对待每一份友谊，但即便是这样，她们还是免不了会伤感，觉得自己付出的太多、得到的太少，或是觉得忽然有一天发现身边的朋友对自己给予的感情不珍惜，甚至背叛了自己。试想一下，假如有一天她们带着委屈的哭腔对你说："妈妈，我怎样才能交到真正知心的朋友？"我们怎么办呢？作为成年人的我们知道，人的一生中虽然离不开朋友之间的相互扶持，但交朋友也是要有选择性的，如何为自己选择真正的好朋友，是妈妈需要传授给女儿的一大智慧。

千万别受损友的诱惑

古人有云：“物以类聚，人以群分。”而如今大家也都认可这样一个道理：“想成为什么样的人，就要和什么样的人在一起。”青春期的女孩儿，单纯、率真，没有社会经验的她们，很容易受到身边朋友的影响。

有关机构曾做过一个问卷调查，问在青春期的男孩儿和女孩儿眼中什么样的友谊最珍贵。其中很大一部分的答案是：“肝胆相照，仗义，为朋友两肋插刀。”还有一部分的回答是：“就是要与众不同，有一种无视于社会偏见的霸气。”还有些孩子说：“思想很另类啊，走在人前总是酷酷的，感觉从来不与世俗合作。”这些说法听起来好像没什么，但仔细斟酌就会发现问题。但凡是有这样特质的“朋友”，在学校一般表现都不会太好，有的专门以顶撞老师为荣，以此在人前表现自己；有的专门与社会无业青年为伍，四处喝酒打架，夜不归宿，搞得父母最终都对他们失去了信心。

常言说得好：“益友难寻。”但是稍不注意就交到损友了，所以作为妈妈，我们一定要时时刻刻地提醒自己青春期的女儿，千万不要受了损友的诱惑，否则真的一失足，再后悔也是无济于事了。

小凤是个爽朗的孩子，以前学习一直很努力用功，可最近学校却老是打电话说小凤越来越不像话，上课不但睡觉，还理直气壮地跟老师顶嘴，不知道以前那个乖巧的小女孩儿哪儿去了。同时又提供了一条重要信息，说是最近小凤和班里的两个成绩很差的女孩儿搅在一起，这两个女孩儿不但不好好学习，还经常在外面和几个社会青年鬼混。老师建议小凤妈妈和小凤好好谈谈，别再和她们搅在一起了。

就这样，小凤回到家，妈妈便把她叫到一边，妈妈看着小凤轻声叹了口气说："孩子，你的情况老师都对我说了，看你现在的样子，妈妈真的回想起了我一个朋友的经历，说真的，我真的不希望你走她的老路啊。"

听了话，小凤好奇地问："妈妈，怎么回事？你朋友又怎么了？"

妈妈看着小凤，意味深长地说："妈妈跟你这么大的时候，有一个成绩非常优秀的朋友，写了一手好文章，结果就在我们要毕业的那一年，她结交了我们班里新来的一个插班生，这插班生不爱学习，上课老给我这个朋友传纸条，时间一长俩人上课也不听讲了，一天到晚在后排说说笑笑，再到后来，这个人还经常带着她到迪厅跳舞，到酒吧喝酒，接触了很多社会上的人。之后，最可怕的事情发生了……"

妈妈停顿了一下，情绪有些哽咽。这时小凤着急地问："妈妈，后来你那朋友怎么了？"

"后来，那些社会青年害得我那朋友染上了毒瘾，毒瘾一犯上来就要抽带毒品的烟，但自己又没钱去买，只能在他们那里赊账，起初她从家里偷钱，时间一长还是债台高筑。最后，这帮人拿着借据找到她父母时才知道出了事儿，可这时候我那朋友早就已经嗜毒成瘾，只认毒品，其他的什么都不认了。"

"啊？这么可怕！"小凤感叹道。

"是啊，这还不算什么，她染上毒瘾的事儿很快就在学校传开了，校长立马劝退了她，而你姥姥姥爷也严令禁止我再和她来往。就这样，我们俩就再也没有联系过，但有人说当下的她过得一点也不好，几次戒毒都不成功，整个人都颓废了。"

听了这些，小凤沉默了。这时，妈妈摸着小凤的头说："你还小，还不知道这个社会有多险恶，在交朋友这件事上一定要慎重，咱们不能说人家是坏人，但是能规避的风险就尽量规避。因为有些时候，一旦损友把你带到沟里，你想出来都出不来，为什么明明知道有危险，还要陷进去呢？"

听了妈妈的话，小凤点点头说："妈妈，我知道了，我以后一定注意，我会主动跟她们保持距离的。"

现在社会太复杂，你不知道什么时候身边就会出现几个损友，他们会主动跟你套近乎，跟你称兄道弟，一副很仗义的样子。但时间长了，他们就有可能把你带到陷阱里，让你迷迷糊糊地受到侵犯，回过神的时候已经于事无补了。所以作为妈妈，一定要教会孩子如何选择朋友，远离损友，多交益友，和这些益友交流心得、畅谈理想、竞赛学习，这样的氛围才真正适合自己成长，才更能找到属于自己的美好未来。

想别人善待你，先要善待别人

现在很多青春期的女孩儿都抱怨交不到好朋友，觉得现在身边的同学太势利，不能彼此以诚相待，自己一再地被辜负、被欺骗。但你细心地了解一下就会发现，这些抱怨往往都源于一些小事。如今的孩子大多娇生惯养，在彼此的交往中，只考虑自己得失，根本不为对方着想，只想别人善待自己，却从不想为别人付出。

所以作为妈妈，我们一定要及时纠正她们这种错误观念，告诉青春期的女儿，交朋友也像照镜子，你想别人善待你，就要先努力地去善待别人，只要自己能秉持这样的交友原则，别人就一定能够感受到你的真心，知道你对她的那份珍惜，也就自然会转过身来对你好了。

芊芊最近很烦躁，原来她跟自己班里的一个朋友吵架了，她哭着对妈妈说："她一点都不在意我的感受，明明说好的彼此之间有些事要保守秘密，可没想到她竟然如忘记了一般，把一切都公布于众，结果搞得班里所有的同学都知道了，还拿这个秘密开玩笑，我接受不了。做朋友怎么能这么不讲信用呢？"

"那你可以问问她为什么要这么做啊！"妈妈一边低头看书一边对芊芊说。

"我问了，结果她还挺理直气壮，说一报还一报。原来上次她悄悄给我说过班里某个男孩很帅，结果我一不小心半开玩笑地就告诉这个男孩了，搞得她很尴尬，难受了好多天。这次就是专门报复我的，我怎么样对她，她就要怎么样对我。她那意思就是，既然我不顾及她的感受，为什么她要顾及我的感受。其实这么点事儿至于吗？我只是下意识地开了个玩笑，而且她觉得他帅，也没有什么不好啊，有什么不能说的啊？至于因为这么点事儿报复我吗？那还谈什么友谊啊！彻底绝交算了。”

听了芊芊的控诉，妈妈合上书认真地看着女儿说：“那就是你的不对了！你觉得人家偷偷告诉你的事情，没有什么不能说。那别人自然也会觉得你偷偷告诉她的事情也没有什么不能说。你现在觉得难受了，那你想过你朋友当时的感受吗？所以朋友之间，最重要的就是相互理解，你想别人怎么对待你，你就去怎么对待别人。你想和谁保持长久的友谊关系，就要时刻为对方着想，给予对方最大限度的关心和帮助；如果你不在乎这段友谊，那也不要奢求别人在乎你。你能够不在意别人感受，凭什么要求别人像什么都没有发生一样继续善待你呢？”

“可是，我觉得那件事儿没有这么严重啊！”芊芊矫情道。

“这次不管严不严重，先做错的是你。如果对方觉得这件事很严重，即便你觉得再小事一桩也是于事无补的。所以妈妈告诉你，以后一定要站在对方的角度去思考问题，去体会对方的感受，心里面时刻装着朋友的感受，这样那些种种不快乐的经历才不会找上门来。”

“那我现在怎么办啊，已经撕破脸了？”芊芊嘟囔着小嘴说。

“那就只有两条路：第一向对方道歉，寻求对方的谅解，看看能不能重新恢复彼此的友谊，互相理解包容。第二引以为戒，以后再也不去以自己的意志为转移，做什么事情都多为别人着想，多在意一下别人的感受。即便这次不能挽回这段友谊，也要以此为戒，时常警示自己，再也不能如此对待友谊。”

听了妈妈的话，芊芊沉默了片刻，说：“妈妈，我知道了。”

如今的家庭大多都是独生子女，每个女孩儿都是父母的掌上明珠，在独生子女家庭长大的她们忘记了朋友之间要彼此谦让，忽略了站在别人角度考虑问题的重要，在与朋友交往时往往就会以自我为中心。从某种角度而言，发现这样的问题并不全是什么坏事，反而可以促进女儿更好地成长，只要我们在其中加以引导，告诉女儿如何正确地对待朋友，如何更好地与朋友维系良好的友谊关系，用心地去关心对方、善待对方，时间一长，孩子必然就会有所改变，这对青春期女孩儿的交际能力也是大有助力的。

有些朋友只是你人生路上的一处风景

如今很多女孩儿都会抱怨，为什么自己对朋友掏心掏肺，到最后，人家转眼就会将自己当初对他们的各种好都忽略不计了呢？很多女孩儿会主动在自己身上找原因，但找来找去却发现自己的确没有做错什么，这时候面对一脸苦恼的女儿，妈妈又应该怎样宽慰引导呢？

其实女孩儿之间的吵吵闹闹、分分合合都算不得什么，关键是假如女孩儿对这段友谊很认真，把对方当成了自己最知心的朋友，将对方深深地放在心里，喜乐悲伤都愿意与对方分享。可这位朋友却并不太在意，或是在意了一段时间后就慢慢疏远了，惹得女儿在一边独自悲伤，既影响了情绪又耽误了学习，而且对交朋友失去信任，有了心理障碍，那问题恐怕就难解决了。

嘟嘟班里最近来了一个插班生，这个女孩儿很安静，坐在嘟嘟的前面，出于热情，嘟嘟每次都主动找话题和对方交流，时间一长，两人就变得亲密起来。嘟嘟觉得这个女孩儿学习好，而且说话柔声细气，非常文雅，所以心里觉得自己能有这样一个朋友真的很开心。

就这样，嘟嘟和这个插班生一起吃饭、一起打水、一起聊天，形影不离，过了一段非常开心的日子。在这段日子里，嘟嘟可以说对这个女孩儿掏心掏肺，什么心里话都愿意跟女孩儿说，什么好事儿都想着要和这个女孩儿分享。可没想到不到三个月，这个女孩儿竟然将她抛到一边，和班里另外两个女生相处在一起，还有意无意地回避和嘟嘟的交流，这让嘟嘟觉得很伤感。

特别是一次嘟嘟无意中听到班里一个同学问那个女生："哎，你以前不是和嘟嘟挺好的吗，怎么突然又和别人走到一起了？"女孩儿满不在乎地说："其实我和嘟嘟并不是很熟，当时她坐在我后面，我们不过偶尔说说话而已，我觉得现在的朋友才是自己真正的朋友。"听了这样的话，嘟嘟的心一下子伤得粉碎，她没有想到这些绝情的话会从那个女生嘴里说出来。她努力地反思自己，是不是哪里做错了？可思前想后怎么也理不出头绪来。

从那以后，嘟嘟变得沉默寡言了。她错误地觉得朋友原来不是用来交心的，是用来利用的。这让嘟嘟一下子失去了乐观向上的状态，学习成绩也出现了下滑，经常一脸憔悴，时不时地还会一个人发呆。

时间长了，老师就将嘟嘟的情况告诉了妈妈，以对自己女儿的了解，妈妈觉得嘟嘟一定是遇到了什么事儿，要不然这么积极乐观的孩子是绝对不会这么消沉的。于是，这天妈妈特意到学校门口接嘟嘟，看到妈妈站在门口，嘟嘟的眼眶一下子湿润了，她紧紧地抱住妈妈，委屈地哭起来。

于是妈妈牵着嘟嘟的手一边走一边询问情况，嘟嘟就一五一十地将自己的遭遇告诉了妈妈，然后，伤感地说："妈妈，难道现实就是这么残酷？以前那么要好的朋友，现在却冷漠到这样的程度，这让我觉得朋友都是不可信的。我都不敢再交朋友了。"

听了这话，妈妈宽慰道："嘟嘟，这就是缘分啊！人生在世，有些朋友跟你走的是相交线，与你不过暂时有了交点，尽管擦出了火花，但不久就要各奔东西；有人跟你走的是两条平行线，尽管看起来是同步，但是彼此之间还是有距离的，始终走不到一起。人总是要自己去独立面对很多事情，尽管我们都希望能够找到一生一世的知己，但这件事却不能强求。但是不管我们人生面对什么样的朋友，内心都要感恩，感谢她们在那个阶段所给予你的一切，感谢她们让你学会了成长，感谢她们让你更加珍惜身边的缘分。假如你能够这样看待问题，心中就不会再苦闷，而是会觉得无比幸福，这时候你会发现，原来在整个过程中自己还得到了那么多啊！”

有时候缘分就是这样微妙，缘分到的时候，两个人好到形影不离；缘分尽的时候，便彼此相忘于江湖。作为妈妈，我们要及时地帮助女儿树立交友的平常心，只要自己做到问心无愧，就不要过于计较别人如何对待自己。人生是一张答卷，每个人都在努力作答，或许一时交友的失利恰恰就是上天对自己的一次考验。尽管我们每个人都希望自己能够拥有陪自己相伴一生的朋友，但这种事情是不能强求的。人生注定会有一些人与你萍水相逢，然后成为朋友，却在陪你走了一段路以后，悄悄地离你远去，而这时候的女孩儿也一定要有承受力，时刻感恩，时刻珍惜，只要无愧于自己，就坦然地去接受吧。

被朋友误解怎么办

女孩儿是敏感的，在与朋友交往的过程中，她们往往很在意别人对自己的看法，她们希望能够努力维系好自己和朋友之间的友谊，希望自己身边能有和自己地久天长的好朋友。但有交往就会有冲突，即便是再真挚的友谊，当两个人的意见出现分歧的时候，也会产生争论，而这个时候，是彼此之间最容易出现误解的时候。

如今女孩儿一旦觉得自己被朋友误解了，心里就会有说不出的委屈，她们经常会一个人坐在那里惆怅，觉得自己以前对这份友谊的付出都是不值得的，觉得自己对朋友那么好还是得不到对方的信任，明明不是自己的错，却要无端地承受朋友的指责。这种感觉在心里时间长了，就很容易出现心理问题，也不知道怎么向对方解释，不知道自己到底应该怎样才能重新获得朋友的信任和理解。我们可以试想一下，假如有一天，你的青春期女儿被朋友误会了，一脸愁容地回到家，作为妈妈的你应该如何做呢?

小雨遇到了烦心事儿，最近她最要好的朋友跟她闹起了别扭，说什么也不愿意再跟她继续交往了。事情起因是那天朋友和小雨约好周末一起出去玩儿，小雨本来一定是要去的，可没想到周末姨妈突然来家做客，而且表妹也来了，自己一时走不开，于是只能给朋友打电话道歉。可没想到朋友一听就火了：“出尔反尔，你还算是朋友吗？要我看你就是因为不想去找借口吧！”于是甩了一句，“再也不想跟你做朋友了！”就气哼哼地把电话挂了。

看到朋友这样误会自己，小雨心里很难受，一整天都带着沉闷和委屈，觉得自己并没有像朋友说的那样，对方却认定自己是在找借口。而且听朋友生气的口气，自己就是想找机会解释也是不容易的了。

看到小雨委屈的样子，妈妈过来问：“怎么啦！孩子？”

看到妈妈关切的目光，小雨忍不住流下泪来，她一边擦拭着眼泪一边把今天朋友误会自己的事情告诉了妈妈。她对妈妈倾诉道：“妈妈，我真的没有像朋友说的那样的。可我怎么跟她解释呢？”

听了女儿的遭遇，妈妈宽慰道：“既然是这样，我们首先扪心自问，问题是不是真出在自己身上，如果问题不在自己，那么即便做不成朋友，自己的心也是问心无愧的。”

“可是我真的不想失去这份友谊。”小雨说道。

“那也简单，明天你给她写封信，告诉她自己昨天确实是因为有事不能前往，但绝对不是故意找理由，同时你也可以把自己的想法告诉她，比如朋友之间最重要的是相互信任，假如不能建立在信任理解的基础上，朋友之间的情谊又如何才能长久呢？此外，你还可以告诉她自己有多珍惜当下的友谊，如果不是那么在意，怎会花这么长时间写这封信，希望她也能珍视这份友谊，因为至少现在的你觉得，你们两个人是可以和好如初的。”

听了妈妈的话，小雨点点头，第二天照着妈妈的方法给朋友写了一封信，并将信偷偷地放在了她的桌子上。朋友看了这封信以后深受感动，下课就跑来和小雨聊天，并主动向小雨道歉说那天她在车站等了好长时间，一听电话不能来，一时着急说了过头话，实在是太武断、太不应该了，好朋友之间就应该互相信任、互相体谅才对。

很多女孩儿在受到朋友误会的时候都会慌了手脚，不知道怎么解释，也不知道如何是好。人在气头上的时候，什么解释都听不进去，何况没根据的解释更是苍白无力。只要对方认定你错，即便你说多少遍也没用，这时候妈妈要及时告诉女儿消除朋友之间误会的正确方法：首先，要查明事情的真相，待双方都冷静一段时间后，间接地让对方了解真相，从而澄清对方对自己的误解。其次，真诚地包容对方，坦诚地告诉对方自己很珍惜这份友谊，并愿意和对方重新恢复关系。相信在这样理智的引导下，朋友之间的误解很快就能得以化解，而女孩儿也可以在这样有条理的处理中，增长更为丰富的成长经验。

再努力也不能做到人人满意

青春期的女孩儿有一个通病，那就是过分在意别人对自己的评价，她们希望自己身边的朋友越多越好，还能够获得所有朋友的认同，让自己身边的每一个朋友都喜欢自己、支持自己。但事实上，想做到让人人都满意那是根本不可能的。所以现实生活中我们会看到，朋友越多的女孩儿，越是会容易产生烦恼，今天这个人要她这样，明天那个人要她那样，后天朋友和朋友之间有了不愉快，自己哄了这头顾不了那头，结果跑来跑去自己都乱了，还是做不到让所有人满意，于是心里一下子陷入迷茫，不知道自己到底做错了什么，为什么自己那么努力还是赢得不了所有人的认同呢？

出现这样的问题，妈妈首先应该让青春期的女儿明白一个道理，人活在这个世界上要学会做自己人生的主人，帮助别人是应该的，但不是为了一味地去讨好别人，努力地去迎合别人的胃口，让别人满意。即便是有一天自己真的实现了让所有人都满意的目标，却失去了真正的自我，那对于自己来说又有什么意义呢？

15 岁的小玉是班里有名的开心果，身边有很多要好的朋友，可最近她心情却非常失落，每天都是一脸的不开心，说到原因，也不是什么大不了的事，班里的两个自己最要好的朋友起了争执。自己劝了这个，那个不高兴，劝完那个，这个又开始发脾气，被夹在中间的小玉是猪八戒照镜子——里外不是人，本来很要好的三个人，弄得现在谁也不理谁，这让小玉觉得很烦恼，不知道自己做错了什么，更不理解为什么自己当下怎么做都是错的。

一脑门子官司的小玉回到家，放下书包就一屁股陷在沙发里，嘟着嘴巴一句话不说。看到女儿这架势，妈妈知道肯定是心里有了不痛快，便凑过来问："什么事儿整得我们家女儿这么不开心啊？"

"没什么，我觉得我交朋友真的交过了，交来交去，全是不理解我的人，就只顾着自己，谁也没有考虑过我，要是再这样下去，干脆就一个朋友也不要交，反正她们都是自己顾自己，那还不如都自己顾自己算了。"小玉愤愤地说。

"说什么呢？妈妈听得一头雾水，到底发生了什么？"妈妈关切地问。

于是小玉便把自己的事情原委一五一十地告诉了妈妈，并抱怨道："妈妈，做人怎么那么难啊！她们简直就是拿我当乒乓球打，我哄了这个，又哄那个，结果不管到哪头都是受数落，说真的，我真的想一推拉倒了，谁都不理。本来劝她俩和好，大家彼此支持彼此关心，互相鼓励着一起往前走多好，结果没想到竟因为芝麻大点小事儿，就没完没了地吵成这样，实在是……唉……怎么说呢？"

"要我看，你自己也有问题啊。"妈妈半严肃半开玩笑地说，"你自己情愿做两头挨打的乒乓球那怨谁，你想着让双方都满意，哪儿有那么容易的事情，每个人都有自己的个性，每个人有自己的小心思，你都想兼顾是不可能的。她们闹矛盾是她们俩的事，让她们自己处理，不要横插一杠，不然会适得其反。你可以用这种方式暗示对方，自己是个不多事儿的人，也无意掺和到她们之间的矛盾中，这样反而可以兼顾你与她们之间的关系，这样云淡风轻的日子多惬意，还是你自己不知道享受啊。与其去一味地讨好别人不如努力地做好你自己。"

"哪儿有那么容易？她们会跟你念叨的，到时候你怎么办呢？"小玉不服气地说。

“这个时候就要特别注意了，你可以先从大的方面上安慰她，然后找个机会把对方引导到别的话题。也可以做出打住的姿势，直接告诉对方自己不想掺和，最重要的是不要随便对任何一方做出评价，因为这很有可能会埋下更深的隐患，一旦有一天她俩和好，一沟通又好像你在中间捣了什么鬼一样，那样岂不是更糟？”妈妈说道。

“是啊，您说得没错。”小玉说道，“那我干脆就不管她们的事儿了，她们爱满意不满意，我就做好我自己，本来也没我什么事儿，为什么我要去做那个乒乓球啊？”

青春期的女孩儿在与朋友交往的时候，常常怕得罪人，并渴望得到所有朋友的认可。为了达到这个目的，她们会压抑自己内心的声音和需要，一味地讨好别人，争取别人的好感。但时间一长，自己就会觉得很累，自己忙东忙西忙了好一阵，还是无法让所有的朋友都满意。所以在这个问题上，妈妈应该及时地引导孩子，让她们勇敢地做自己。妈妈可以告诉女儿，这个世界上别人是永远也讨好不完的，即便是将自己全部精力用在上面，也照样无法做到人人满意，与其这样不如潇洒快乐地做自己，走自己的路，用心地专注于自己，说不定这个时候，好的友谊反而会跑过来追着自己了。

第十三章 学习变轻松并不难

女孩儿到了青春期，除了身体发育日渐成熟，学习任务也越来越繁重。对于女孩儿而言，随着学习科目的增多，在学习上多多少少会出现一些困难，而这个时候我们家长往往也搞不懂她们一天比一天复杂的学习内容，这更使得一回家就闷在书房里的她们备感压力。其实女孩儿学习出现困难，主要原因还是不得要领，没找到正确的学习方法。这时，妈妈可以从学习方法上入手，和女儿一起研究总结出一些好玩儿的应对策略，把看似枯燥的学习项目，变成有意思的游戏，时间一长，女儿面对学习的紧张情绪就会消失，就会觉得学习并不是一件痛苦的事儿，这样乐观积极的态度，才更容易帮助她们全方位吸收知识，在成绩方面也会大有长进。

什么时候学会逃学了

有没有想过，如果有一天你的青春期女儿逃学了，该怎么办？或许这个时候很多母亲的心会既惊讶又紧张，不知道女儿为什么会做出这样的事，也不知道和什么人在一起，究竟在学校中遇到了什么问题，她们去了哪里。当然，这个时候一味地训斥和发火是没有用的，只有找到背后的原因，才能进行及时的疏导，这是有效解决问题的最佳方案。所以作为母亲，我们先要调整好自己的情绪，听听女儿怎么说，看看能为她们提供怎样的帮助。

阿紫是一个叛逆心很强的女孩儿，在学校的她虽然不太爱说话，但是对自己认为对的事一定要坚持，哪怕是对教她的老师也有着自己的评判。比如有一次上政治课，明明是后面的同学搞的动静，阿紫不过是无意回了一下头，这一回头却被老师抓了个正着，罚站了半堂课，受了委屈的阿紫从此就再也不好好听这个老师的课了。在这个老师的课堂上她成心看小说，老师提问题即便是自己知道也说不知道。

时间一长，老师就把阿紫的表现告诉了班主任。班主任也没再仔细核实情况，把阿紫叫到办公室狠狠地批了一顿，并准备叫她在全班同学面前做检讨。此话一说，这让阿紫的自尊心受到了极大伤害，她害怕在同学面前颜面扫地，总是害怕哪一天老师就要她做检讨。终于有一天，阿紫在早上来学校的路上逃学了，背着书包正常出门却一直没有到学校上课。

就这样过去了好几天，班主任赶紧给阿紫的妈妈打电话询问情况，得知女儿已经几天都没有上学了，妈妈顿时觉得腿脚发软，她又着急又担心，不知道自己的女儿为什么要这么做，到底这几天又在哪里。但她很快调整了情绪，决定先跟阿紫好好地谈谈。

下午放学，阿紫若无其事地背着书包回到了家，一推开门，就看到妈妈表情凝重地坐在沙发上，她低着头正要走进卧室，却被叫住了。阿紫本能地察觉到大事不妙，于是主动走过来承认错误说："妈妈，我知道我不对，我是逃学了，可是我真的对那个学校很害怕，妈妈求你，放了我吧。"

听了女儿的话，妈妈的心一下子软了，她用柔和的声音问："阿紫啊，告诉妈妈，到底是什么原因让你这么讨厌去上学呢？你说说你的想法，妈妈可以与你一起应对。"

听了这话，阿紫将自己政治课上的委屈遭遇，以及自己对很多科目不感兴趣、听不懂的痛苦一股脑儿地告诉了妈妈，同时她也将班主任要她在全班念检查的事情也说了出来，告诉妈妈自己有多恐惧、有多委屈、有多害怕。逃学这几天自己也没做什么，每天都躲在书店里看书，却觉得很享受、很安全。越是这样就越是不愿意去上学。

听了女儿的话，妈妈想了想说："阿紫，你知道你的未来有多美好吗？你这么爱看书，说不定以后会是一个非常棒的作家。但现在要面对的一个关键性问题是，我们先要把这关闯过去，你没有必要因为老师的一个不恰当的行为，就耽误了自己人生前进的脚步。因为你不是为了老师学习，而是为了你自己。假如你因为不喜欢一个老师，就不再继续努力学习，那老师又有什么损失呢？再说，你可以把事情原委跟老师解释清楚，相信老师会改变对你的看法的，要学会沟通。所以我的孩子，千万不要犯傻，你在校的主要任务是学习知识，以后还要到更广阔的天空飞翔，实现更远大的理想，你怎么因为这点小事就自暴自弃呢？”

“可我还是害怕，我不敢去学校。”阿紫一边哭一边说。

“放心吧，妈妈会跟班主任解释的，但前提是你先要回到学校认真学习，学会沟通，改掉自己的毛病，绝对不能再逃学。只要你按妈妈的话去做，我保证你害怕的事情永远都不会再发生。”

听了妈妈的话，阿紫点点头，第二天又去上学了。

每一件事情背后都有它的原因，女儿逃学也是如此。她们之所以会这样，原因是多方面的。作为母亲，我们首先要做的是给予她百分之百的信任、包容和理解，我们可以用柔和的语调对她说：“我知道你这么做一定有你自己的原因，把原因告诉妈妈，妈妈看看怎么帮助你。”这样妈妈就会顺利地和女儿建立起沟通的桥梁，可以站在女儿的立场和她一起分析，最终一点点地把她带回正确的轨道。

青春期的女孩儿很容易叛逆，也很容易迷茫和忧郁，大多数的逃学都源于心理出现障碍，而妈妈是女儿人生中的第一任心理医生，只要打开她们内心的那扇门，处理逃学这样的小事情自然不在话下。

怎么老是记不住

如今学习压力很大，女孩们总是会为了课业学习到很晚，而第二天又要早早地起来去上学，就出现了睡眠不足的问题。尽管每天学习很努力，但却总觉得脑力不够，尤其是面对一些需要做记忆功课的内容，更是着实让她们头疼。有些女孩儿坦言，明明自己已经很用心地去背了，但是背了很长时间就是记不住，到了考试的时候脑子更是一片空白，什么也想不起来，时间一长自己就失去了学习的动力。如果是这样，那作为妈妈的我们究竟应该给予怎样的帮助才更有效呢?

秀秀是一个学习非常刻苦的女孩儿，她每天一回家就趴在桌子旁努力地学习，每天都要奋战到很晚才休息，早上5点多就被自己上的闹钟叫醒，在家里自己早读一段时间以后才吃早点背书包去上学。她对自己说：“我不是最聪明的，但我是最努力的，我相信勤能补拙，只要努力一定会有回报。”

可即使是这样，不管秀秀怎么努力，学习成绩却一直处在中游，就是无法突破。究其原因，就在于一件事，那就是“记不住”。为此秀秀一直很苦恼，整个人也开始意志消沉起来，她经常会在考试成绩公布以后，一个人沉默着好几天都不说话，甚至有时候还会独自躲在房间里委屈地哭泣。

妈妈看到秀秀伤心的样子很心疼，决定和秀秀一起分析原因，帮助她扭转这种状况。

这天秀秀又独自疲惫地回到家，妈妈没有让她回房间，而是拉着她的手和她一起到外面的街心花园去散步。母女俩一边走一边聊，妈妈对秀秀说："秀秀，妈妈觉得你最近好疲惫，是不是学习累了？我觉得妈妈有必要让秀秀多休息一下，这样精神状态才会更好。"

"那有什么用？学习成绩还是提不上去。妈妈，你知道吗？我已经很努力了，却怎么也记不住该记住的东西。老师课上讲的我觉得都能理解，但真到了考试的时候，我却怎么都做不出来。还有那些讨厌的公式，我动不动就给背乱了，更别说怎么用了。那感觉真的太痛苦了。我真的对自己的无能为力，也不知道应该用什么方法才能记住。"

听了秀秀的话，妈妈想了想对秀秀说："依照妈妈的推断，出现这样问题的原因有两个：一个是你睡眠不够，每天睡得很晚，起得又那么早，白天还要面对一天繁忙的学习，这样很容易造成恶性循环，时间长了，记忆力自然就会减退。第二点就是你还是没有找到适合你的记忆方法。比如那些公式，光你仅仅死记硬背肯定记不住，也很痛苦，但是如果在做题中记公式，多做几道类似的题，再一点点地把题目的套路记下来，那效果就会很不一样。所以妈妈觉得，有必要帮你找到一个有效的、最适合你的记忆方法，一定可以帮助你在轻松的氛围中提高记忆力。"

听了这话，秀秀消沉的脸上露出了喜悦的笑容。随后她将作息时间进行了调整，同时注意体育锻炼，睡眠质量越来越好，第二天的精神状态和以前相比有了质的飞跃。而且放学后经常和妈妈一起做各种各样的记忆训练，并不断总结经验，把它运用到学习中，很快学习成绩就有了大幅度的提高。

孩子成绩提高不上去，很多妈妈都觉得是女儿学习不用心，或者方法不对。但事实上，大多数青春期女孩儿之所以学习成绩提高不上去的原因，十有八九都源于记忆力。假如妈妈看到女儿学习很刻苦，回来每天又要奋战到很晚，看着她那么努力，学习成绩却还是不尽如人意，那就要提高警惕了，因为这个时候的女儿，很可能因过度疲劳影响了记忆力，需要调整身体状态，孩子只有在健康的身体状态下，大脑灵活运转，记东西才会更容易。

除此之外，妈妈可以和女儿一起总结原因，寻找最适合女儿的记忆方法，妈妈要告诉女儿，虽然要记的东西看起来很多，但都是有规律可循的，只要找到其中的规律就可以化繁为简，事半功倍，所谓庞大的记忆项目不过是纸老虎，只要不被它吓倒，方法得当，就一定可以找到方法把它轻松搞定。

其实背单词很好玩

现在很多青春期的女孩子都被英语难倒了，究其原因，难度并不在烦琐的语法，而在于那密密麻麻的英文字母组成的英文单词，让人看着完全没有感觉，尽管通过音调连读可以尝试将其拼写出来，但想要真实地记住它的意思，而且字母不能拼错，真的是件困难而痛苦的事情。

试想一下，假如自己家的女儿也有这种情况，看到英语单词就皱眉头，作为妈妈的你又应该怎么帮助她呢?

其实英语单词并没有那么难，掌握了记忆要领，学习它的过程就可以变得很好玩。它可以成为妈妈与女儿在一起互动交流的游戏。

上了初中的梦梦，其他科目学习都很好，就是英语成绩上不去。每当打开课本，看着那由26个字母组成的一个个单词，自己就找不到任何感觉，更不要说把它们全部背下来了。

每次梦梦考试的时候都会因为英语成绩拖后腿，也经常受到英语老师的批评。尽管她很努力，但记单词还是不得要领，时间一长，梦梦开始对英语越来越恐惧了，一上英语课就紧张，只要手里一拿起英语课本就会陷入深深的痛苦中。每到第二天有英语考试的时候，头天晚上梦梦就在床上辗转反侧，怎么也无法入眠。

看到女儿对英语学习有了这么大的恐惧，妈妈觉得有必要帮助找到一种适合梦梦有效记忆英语单词的方法，快速摆脱对记忆英语单词的恐惧。

于是妈妈针对梦梦记不住单词的具体情况，做了一番系统的研究，在梦梦放学回家后，激动地拉着梦梦的手对她说："妈妈找到了一种记单词玩法，特别有意思，你要不要一起来试试？"听说妈妈要让自己学英语，梦梦一下子紧张起来，她向后退了几步，对妈妈说："妈妈，你不会是要考我吧？"

"不是，妈妈只想和你玩个游戏，是妈妈刚刚发明出来的，它需要两个人的互动，梦梦陪妈妈玩会儿好吗？"妈妈满脸期待地说。

"那……好吧。"梦梦很勉强地回答。

于是妈妈和梦梦坐下来说："比如说桃子这个单词 Peach，你知道妈妈是怎么记住的吗？"

"怎么记住的？"梦梦问。

"桃子都没了还吃个屁啊。吃屁，调换过来就是屁吃，Peach 就是桃子。"妈妈笑着说。

"哈哈哈！你这也……妈妈，你这也太搞笑了吧。"梦梦一边捂着肚子一边笑着说。

"所以，我觉得单词就是可以这么记啊，把手里的单词变成一个个很好记忆的小插曲、小故事，那记起来应该会更轻松了吧？当然，英语单词发音还是要按音标读的。"

"这法子确实挺有意思，以后不妨可以试试。"梦梦想了想说。

"还有啊！比如可以玩接龙游戏，我说一个英语单词，你接一个，你说的单词的第一个字母必须是我说的单词结尾的字母，如：panda—apple—eat 首部对尾部，以此类推，看谁先卡壳，或者还有一种，就是比如一说到水果，我们可以立刻回忆出所有有关联的单词统一记忆，还有……"妈妈越说越兴奋，而梦梦已经在一旁感动得快要哭出来，她给了妈妈一个甜甜的拥抱说："妈妈，谢谢你，为了我，你发明出那么多有意思的单词玩法。”

听了这话，妈妈笑着说：“孩子，妈妈就是想用实际行动告诉你，记英语单词并不是一件难事，只要方法得当，它一定可以很好玩儿。”

小小英语单词，不知道难倒了多少渴望提高英语成绩的青春期小姑娘，由于不得要领，她们在学习的过程中总是感觉很痛苦，不知道这么一连串的字母究竟应该怎么记下来，假如再加上后面的中文解释，就更是一头雾水了。这时候就需要妈妈消除她们的恐惧心理，告诉她们英语单词并没有那么可怕，它是一种语言，是有规律可循的，只要掌握了它，记单词的过程也可以很好玩，从而帮助她们树立起学英语的信心。

任何一门知识都有规律可循，英语也是如此。妈妈可以发挥自己的创意找到一些有趣的玩法，经常和女儿做一些这样单词互动游戏，不管是多么长的单词，也可以在边笑边聊中轻松搞定。让女儿在一边游戏一边记忆中找到感觉，相信在彼此的共同努力下，一定可以帮助青春期女儿找到适合的学习方法，轻松搞定英语单词。

别畏难，找回学习的自信心

如今青春期孩子们的学业是越来越紧张了，不但科目越来越多，内容和复杂程度也越来越深，以至于作为父母的我们都不知道怎么能帮助她们。一翻开孩子的课本，很多家长也是一头雾水，那些烦琐的算式着实会让自己头大，由此就开始心疼孩子，每天要面对的是那么厚重的书本，想一一掌握也不是一件轻松的事。

作为正值青春期的女孩儿，由于生理的变化，更容易在一些科目上遇到困难。按照她们的话说，那感觉简直就像听天书，假如这个时候自己因为成绩不佳再被老师训斥，内心情绪调整不过来，就很容易出现厌学倾向。这种畏难情绪不及时得到纠正，直接影响她们以后的学习。那么作为妈妈的我们及时采取有效的应对措施就显得非常有必要了。

小夕今年上高中了，在初中名列前茅的她，突然发现在这里班里的同学一个比一个优秀，自己根本就算不上出类拔萃的，自己不管怎么努力，每次月考成绩都挤不进前十名。小夕的心理压力一下变得很大，不知道自己该怎么做。

在经历了几次拼命地努力成绩却依然不理想以后，多多意志消沉了，她不知道问题出在哪里，特别是理科让她越来越提不起兴趣，觉得那些学习内容真的很无聊，自己学起来也很困难，于是在理科的课堂上学习越来越不专心，开始越来越回避这方面的学习。

自然，小夕的成绩开始下滑，她在学习方面越来越被动，心里总是想逃避，甚至产生了厌学倾向。成绩越是下滑，她越是不想学习，一看到理科的课本就想甩到十万八千里之外，对自己越来越没有信心。

班主任看出了小夕的问题，也跟小夕交流过几次，但是收效不大，所以就专门打电话跟小夕的妈妈沟通。听到女儿现在的情况，妈妈非常奇怪，她不明白以前学习一向很努力的小夕怎么说厌学就厌学了。于是准备找机会和小夕聊聊，看看问题到底出在哪里。

这天周末，小夕在家里看电视，一看就是两个多小时，妈妈走过来关切地对小夕说："小夕啊！看那么长时间电视眼睛会累的，再说老师留了那么多作业都做完了吗？"

"不想做，反正我也不会。"小夕一边紧盯着电视，一边面带忧郁地说。

妈妈关掉电视，坐在小夕身旁："小夕，和妈妈聊聊天吧。告诉妈妈是什么原因让以前那么爱学习的小夕害怕写作业了呢？"

"我刚来到这个重点高中的时候，一直非常努力，可没想到成绩老是在中游，理科老是拖后腿，于是我使劲地学习，可怎么也无济于事，所以越到最后就越觉得没劲了，干脆就不想学了，再努力那些题也做不对，还学个什么劲儿啊。"小夕低着头说。

"哦！我知道了，原来是成绩落到中游，又一时赶不上，畏难害怕了。小夕啊，你在初中时学习成绩老是得第一，是全年级独一份的千里马，而这里的学生都是千里马，起点变了，平台高了。虽然你看起来位置仅仅在中游，但相比于以前的你，成绩还是在提高的。所以你不要担心，也不要总是看排名，你要学会跟自己比，看看自己每一次的分数是不是有提高，看看那些曾经不会的题是不是有很大一部分自己都会做了，如果这一切都有所改观，那么小夕的努力就没有白费。"妈妈一边安慰一边摸着小夕的小手说。

“可是，那些理科的内容真的好难学，我都不知道怎么入手。我真的不喜欢物理化学那些烦琐的公式。”小夕略带矫情地说。

“你觉得难学，主要还是方法不得当，妈妈帮你想想。首先，小夕从现在开始要努力地听课、认真地做笔记，妈妈会给你找能启发你兴趣的辅导老师来帮你提高理科成绩，等到你理科成绩上去了自然就有自信了，再也不会有畏难情绪了。”妈妈又意味深长地鼓励小夕说，“但是小夕要好好配合，千万不要再自暴自弃了。要知道，你的理想就在不远的地方，怎么能因为眼前小小的困难就自我消沉，想着放弃了呢？学习就是不断克服一个一个的困难，学习的过程就是不断解决问题的过程。如果一上来就轻车熟路，那你还用学吗？所以，困难是学习中的常态，你要在这种常态中不断地超越自己，享受那种一步步自我成就的过程，找回曾经的那份自信。你的成绩才会越来越好，你才不再迷茫，自然也就不会被这些困难吓倒了。”

听了妈妈的话，小夕脸上重新恢复了自信的微笑，她告诉妈妈，虽然目前的自己成绩平平，但这已经是过去时了，绝对不会永远这样的，今天就是一个美好的起点，她这匹千里马，无须扬鞭自奋蹄，一定会再奔腾起来，让妈妈瞧好吧。

当女儿成绩下滑的时候，很多妈妈一味地着急上火，责怪孩子学习不努力，却很少站在孩子的角度思考问题，深入地了解为什么会这样。孩子有可能是学习成绩一时上不去，出现畏难情绪；也有很可能是在学某个学科时出现了障碍……作为妈妈，我们应该和女儿一起分析成绩下滑的原因，是基础薄弱还是找不到学习方法，或者因为经历了什么事情心理上有了负担。只有摸清了症结所在，对症下药，才能快速有效地帮助女儿解决目前的问题，重拾对学习的信心，才能重新把她们拉到灿烂的阳光下，带着活力和笑容，继续为自己的理想努力奋斗。

管好时间，提高效率，劳逸结合

或许很多妈妈发现，现在很多青春期的女孩子每天看上去都很用功，可是学习成绩就是提高不上去。经过一番细心观察就会发现，原来这些女孩儿无法有效地管理好自己的学习时间，每天做作业的时候，一会儿看看这个，一会儿玩玩那个，根本不能集中注意力专注地学习，以至于到最后拖拖拉拉，本来两个小时就可以搞定的作业，一下子拖到夜里 11 点多还没做完。时间一长，不但成绩提高不上去，还影响到自己的身体健康。

那么当女儿矫情地说“我很努力啊，我很累啊！我很想休息，可是作业实在太多了”的时候，妈妈又应该如何应对呢？

小茜每天学习都到很晚，在很多人看来，她一直都是个勤奋刻苦的孩子，但不知道为什么成绩一直在中游，怎么也提高不上去。每次妈妈问小茜的时候，她总是一脸无辜地说：“不能怨我啊，你看我每天都学到很晚，我也不知道自己怎么就提高不了，其实我一直都很累，我很想休息，我很想有更多玩儿的时间……”

每次听到女儿这样的解释和抱怨，妈妈心里也很心疼，但问题究竟出在哪儿呢？经过长达一个月对女儿学习每个细节细致的观察，妈妈发现女儿学习效率不高，看上去人在书桌前坐着，但并没有集中注意力学习，一会儿在空白的纸上画一个小人儿，一会儿又偷偷打开电脑看网页，一会儿玩儿橡皮，一会儿又拿起手机和同学微信上聊几句，时间就这样一分一秒地浪费过去了，该完成的作业拖到很晚，实在太累了就只能敷衍了事。于是妈妈针对女儿的问题想出了一个好办法来改变这种状况。

这天小茜回家，刚要回房间做作业，就被妈妈叫住，妈妈说："小茜，今晚有一个你特别喜欢的电视节目，两小时后开始。妈妈答应你可以尽情欣赏，但前提是，你必须集中精力、保证质量地完成今天所有的作业和预习内容，我会检查的。听说这个节目要连播好几天，只要你每天能按时保质保量地完成作业，妈妈天天都让你看，怎么样？"

听了这事儿，小茜兴奋极了，她快速地跑进房间开始专心地做作业，很快，不到两个小时作业就全部写完了，而且字迹工整、逻辑清晰，妈妈看了很满意。于是小茜舒心地看上了自己喜欢的电视节目，在一旁的妈妈不失时机地说："怎么样？快速写完作业的感觉是不是很爽？只要你管理好自己的时间，学习就会变得很快乐，你完全可以劳逸结合，拥有更多属于自己的时间，这样的状态多好啊！以前你做作业老是要拖到很晚还做不完，今天这么快就搞定了。其实想玩儿很正常，把重要的事集中做完时间就全是自己的，到那时候痛快地玩会儿，谁又会反对呢？"

听了妈妈的话，小茜的脸红了，她意识到了自己的问题，从此以后她改掉了这些毛病，做功课更专注了。她后来发现，自己在专注的情况下效率是那么高，以前觉得好繁重的作业不一会儿就轻轻松松地做完了，至少比以前节省了三个小时。回想过去，小茜感慨道："那时候的自己真傻，不知道怎么管理时间，那么宝贵的玩儿的时间都被耽误过去了。"

写作业不专注，不讲效率，是大多数青春期女孩儿的通病，每当妈妈指出来的时候还总是找各种各样的理由，比如："我就是因为学得太累了，想画张画休息一下。""这道题我不知道怎么做所以心情不好嘛！""谁说我不用功了，我上网是为了找资料。”“我跟同学探讨问题呢。”每次听到诸如此类的解释，作为家长的妈妈肯定是气不打一处来，但一味地批评教育是解决不了问题的，相比之下，最聪明的方法莫过于让孩子自己感觉到提高效率的好处，主动改变自己，又快又好地完成作业，让她们好好享受一下没有学习压力地去玩儿、去休息的感觉，相信时间一长，她们就再也离不开这种放松的惬意了。

妈妈应该成为女儿身边顶级的时间管理专家，我们的责任是把这门技艺传授给她，让她真正做到劳逸结合，让她切实享受到专注做事的好处。

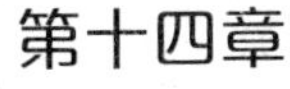

第十四章

才艺让你的人生更出彩

在很多妈妈看来，一个女孩子至少要掌握一到两门才艺来陶冶性情，提升修养，这份宝贵的财富会陪伴她们一生。而且，大多步入青春期的女孩儿都非常渴望在人前表现自己，有一两门才艺展示就成了她们最开心也最有成就感的时刻。因此，我们做母亲的要格外注重女儿才艺的培养，要尽全力为她们提供更好的学习空间和资源。我们虽不奢望孩子能成为这一领域的大家，却可以让她们在学习才艺、拥有才艺的过程中收获更为多彩的人生。

你的未来因才艺不再寂寞

经常有人问，人活在这个世界上什么是最珍贵的？有人说是金钱，有人说是地位，但事实上，对于自己而言，最宝贵的东西，应该是学到的那份才艺，它可以让你在意志消沉的时候重拾信心，可以让你倍感孤独的时候不再寂寞，可以帮助你放松情绪，更好地沉浸在自己的世界里。作为母亲，谁不希望自己的女儿手里能有些拿得出手的才艺呢？每当需要的时候，女儿就可以展示一下自己的绝活儿，不仅仅赢得了掌声，更重要的是娱悦、丰富了自己。作为母亲，希望这笔财富能够伴随她们一生。

小秦的妈妈非常注意培养女儿的才艺，在小秦很小的时候就带着她去学琴，那时候小秦好奇地问："妈妈，我为什么要学琴？"妈妈一边摸着小秦的头一边对她说："因为妈妈希望有一天小秦长大了，一个人寂寞的时候，还可以用琴声消解孤独。"

后来小秦上了初中，步入了青春期。但凡是班里或学校有大大小小的演出活动，小秦都会被找去做钢琴伴奏，当手指在琴键上轻快地弹奏，她的心也变得欢快而愉悦，精神世界也跟着得到升华，仿佛天空都变得更蓝了。每当这时，就会想起妈妈的这番话，内心就会感触良多。

这时候妈妈又鼓励小秦练习舞蹈和瑜伽。每到周末都会带小秦去学习。有时候小秦也会不理解，她经常会一脸抱怨地说："我现在功课很多，忙都忙不过来，为什么一定要学这些？"妈妈耐心地对她说："因为妈妈希望小秦长大以后，能够更漂亮，能够保持最美的身材，同时妈妈还希望小秦身体更健康，平衡感更好，更有气质。但凡是情绪有波动的时候，就独自来上一段舞蹈或瑜伽，很快一切的烦恼和不快就会消散。妈妈不求小秦在这一领域有多么惊人的发展，但你一定可以从中获益很多，在这个特殊的成长阶段，妈妈一定要给你最好的，让你掌握自己最需要的才艺。"

听了妈妈的话，小秦不再抱怨，她宛如看到了成熟以后的自己，身材修长而挺拔，内心宁静而安详。她不断地在追求着美，追求着艺术，时不时地会在人前显露一下自己的才艺。她是别人眼中有才华的女孩儿，她也是自己眼中最漂亮的自己。

于是小秦在训练之余发给了妈妈这样一条感恩的信息：

妈妈，感谢您这么多年陪伴我成长，您让我知道了如何能够更好地做我自己，我现在已经渐渐能理解您的良苦用心，而这些才艺都将是我一生的宝贵财富。有它们的存在我就不会再担心未来，因为这些才艺可以帮助我及时调整自己，让我长久保持最佳状态。我真心地爱您，我可爱的母亲，我一定会努力地学、认真地练，相信在不久的将来，我一定可以成为那个心目中最理想的样子。

看到这样的短信，相信所有的母亲一定会深受感动的。有些时候年纪尚小的她们并不知道为什么要去学这些，她们时不时地会烦躁，甚至有些时候还会出现逆反心理。面对这样的情况，妈妈要及时地与女儿进行交流，告诉她们学这些的目的和初衷，告诉她们掌握这些才艺的好处，让她们明白，拥有它一定可以让自己的人生变得更加出彩美好。相信当女儿明白了这一切，一定会对我们的决定给予理解，并带着更快乐积极的心情去不断地把握好这份财富。

当然，对于学哪些才艺，妈妈最好要提前和女儿商量，尊重她们的意愿。

毕竟不是所有女孩儿都要学钢琴练舞蹈，最重要的在于发现她们的天赋，找到她们的特长，只要妈妈能够耐心地将她们培养下去，每个女孩儿都会找到属于自己的不平凡。

有文字的世界，就有诗和远方

如果这个世界只剩下五个人，那其中一个必须是作家，否则周边的人一定会因为缺乏心灵支柱而日渐疯狂。文字具有天生的灵性，几个字组合到一起，就能激发人的信心和斗志，也能抚慰人们的失落与忧伤。对于一个女孩儿来说，生命中是绝对少不了文字陪伴的，不管身处在什么样的环境，伴随着怎样的心情，打开一本书就打开了一个崭新的世界。

女孩儿是感性的，她会在阅读别人的故事中，感受自己的人生。当她的笔落在洁白的纸上时，思绪就会伴随着丰富的情感流淌出来，犹如一首动人的歌，字里行间流淌着的都是一份真挚，字字句句中渗透着的是唯美和情怀。

作为妈妈，我们最应该鼓励的就是女儿的阅读和写作，它将成为女孩儿表达自己的另一扇窗，让她不断地发现自我，不断地用自己的角度感受世界。每个女孩儿都是活在诗意中的天使，而这个美丽的天使，怎能少得了文字的陪伴？高晓松的妈妈就曾经对高晓松这样说："人生不止眼前的苟且，还有诗和远方。"

小云从很小的时候，妈妈就鼓励她阅读，刚满 15 岁的她已经阅读了大量的外国名著，还参阅了很多古代诗集。对她来说，文字给自己带来的感觉实在是太美好了。每当打开一本书的时候，她就会觉得自己正在跟一位素未谋面的老友交流，不管此时的她是快乐的还是忧伤的，她都可以从不同的书籍中找到自己想要的答案。

和别的女孩儿一样，小云时不时地也会陷入青春期的迷茫，用她的话说：“其实每个人都一样，我的日子也不是天天都开心的，但是每到内心起了波澜的时候，妈妈都会递给我一本稿纸和一支笔，带着微笑对我说：‘女儿，把一切都写出来吧。妈妈知道自己或许不能百分百地理解你，但是你自己可以。这个世界上文字是你最好的朋友，你不断地写，不断地去让它了解你，相信过不了多久，你就能找到自己生命中最重要的东西。妈妈不能陪伴你一生，但是文字可以。不管什么时候，只要你愿意它都会安静地倾听你，它会用自己的力量感染你，你一定可以走出自己的困境。’就这样，每当我心情不好的时候，我就会用手中的笔尽情地抒发自己的情感，慢慢地抱怨的内容少了，思想深处不断地迸发着灵感，我发现了自己写作的魅力，那就是我的特长所在。我感谢我的母亲，很早以前就看到了这一点，她就是我专职的心理专家，她让我知道文字是陪伴我一生的挚友，我会和它一直走下去。”

如今小云是班里的宣传委员，代表学校参加了多次作文大赛，收获了无数大奖，如今的她越来越有自信了，她说自己此生不是作家至少也要成为一个诗人，写自己的书，走自己的路，快乐地和自己的特长在一起，成就不一样的人生梦想。

每个女孩儿的心灵世界都是一本浪漫的长篇小说，那里有她们细致柔美的情感，那里有她们对未来美好的梦想与期待。尽管有些女孩儿不善言辞，但她们的内心却是无比丰富的。作为母亲，我们可以让女儿尝试着用文字表达内心的世界，可以让她们借用手中的笔去描绘内心的向往。她们是那么美丽、那么浪漫，又是那么充满渴望、充满憧憬，上天怎会舍得不为她们敞开一扇灵魂之窗呢？

正如小云妈妈说的那样，作为父母，我们或许不能陪孩子走到最后，但只要她们渴望倾诉、渴望表达，渴望去发现这个世界上的美，就完全可以利用手中的笔去抒发情怀，文字这个朋友可以给她们带来无限的精彩，陪伴她们一生。而我们所做的，就是引导她们与这个朋友相处得更和谐，不断地培养她们之间的默契和信任，时间一长，文字的力量就与她们的灵魂合二为一，而这个时候她们眼中的世界会更宽更广，她们会惊讶地发现，原来生命与自己最初的想象真的很不一样。

音乐可以帮助你快速摆脱烦恼

试想一下，假如这个世界没有音乐的存在，那将会变成什么样子？人天生是为追寻美而来的，而音乐是我们内心深处不能缺少的美丽成分。流淌的音符与我们一同分享快乐、分担痛苦，它抚慰着我们的创伤，舒缓着我们的浮躁和紧张，它让我们不再烦恼，它让我们活得更深刻，它让我们与天地的灵性交感，它让我们带着微笑找到自己。

作为一个女孩儿，生命中是不能没有音乐的，音乐是她们抒发情感的通道，与她们感性而纯净的内心最为相似；音乐又是她们生活中最好的调剂，是她们不能缺少的人生原动力。

作为一个母亲，怎能让自己的女儿缺少音乐的陪伴？不管是帮助她们学会一件乐器，还是鼓励她们亮出自己唯美的歌喉，或是鼓励她们学习谱曲，写出自己的歌，那都必将让她们的人生更加灿烂，让她们的灵魂更加唯美，让她们的世界更有诗意。

小莲今年 16 岁，是一个非常有思想的女孩儿，她对于音乐的热爱已经上升到了视若生命的层次。每天上学的路上，耳朵里一定要听到自己想听的音乐；下课的时候，也会偷偷地戴上耳机；而回家的路上，为了能够沉浸在音乐的世界，她总是选择戴上耳机独自回家，用她的话说：“只要有音乐，我的世界就不需要别人。”

妈妈看到小莲这么喜欢音乐，起初担心小莲会因为过于沉迷音乐而耽误了学习，但有一天在帮小莲收拾房间的时候，她无意地发现桌子上有一个小莲的歌本。里面密密麻麻的全部都是小莲自己创作的歌。为了验证孩子的水平，妈妈悄悄地拿歌本找专业人士去看，结果对方给出了相当高的评价，觉得这个谱曲的孩子很有前途。

从那一刻起，妈妈意识到了小莲的音乐天赋，她决定好好地培养孩子，帮助她成就自己的梦想。妈妈与小莲约法三章，如果小莲学习成绩能够始终保持月考在前十名，周末妈妈就带她找高人学习音乐，从乐理知识到演奏和唱歌技巧，再到和声组合和谱曲，只要小莲想学，妈妈都会尽量地满足她。

听了妈妈的承诺，小莲非常兴奋，学习上异常努力，成绩始终都保持在班中前十名，而自己也顺利地开始了音乐学习。经过名师的指点，小莲逐渐对音乐有了更深一步的了解，如今已经可以顺着自己的感觉编写出更为专业的歌曲。她希望在不久的将来，能够创作出属于自己曲风的作品，成为一个不折不扣的音乐达人。

或许现实生活中，我们的女儿并不像小莲那样，对乐谱那么敏感。但青春期的女孩儿对音乐的喜爱是共性的，她们会用心感受音乐的魅力，会因那动听的旋律心生感动。音乐可以消除她们的疲劳，让她们的眉头更加舒展，让她们看起来更加自然美丽。

所以，作为妈妈，我们应该鼓励女儿学一件自己喜爱的乐器，或是鼓励她们唱出自己最喜爱的歌。乐器可以在她们惆怅的时候，成为消解烦闷的工具；可以在她们娴静的时候，引导她们走向清净优雅的殿堂；而唱歌不但能够很好地舒缓内心的情绪，还有利于健康。当甜美的歌声通过自己甜甜的嗓音流传出来，首先感动的就是她们自己，这一切一定可以让她们更自信，也一定可以让她们幸福快乐地享受人生。

将万千世界摄入你的镜头

世界那么大，总要出去看看。但凡是见过世面的女孩儿，看待事物的角度就会与众不同。这个世界到处都是美丽的风景，每一朵花、每一片云都有着它别样的风情。而女孩儿是上天派下来的天使，她们会不断地发现美，也不断地创造美，因为她们就是为美丽而生，是这个世间美丽最直接的缔造者。

既然是美的，单单发现和创造是远远不够的，为了能够将这美好的一切记录下来，很多青春期女孩儿可谓是花足了心思，起初不过是将一片美丽的花瓣悄悄夹在书里，而后觉得这实在是太不过瘾，便拿起手中的相机，每到一个地方，总会摁几次快门，把自己发现的美丽瞬间记录下来，回家以后打开电脑，一边欣赏，一边脸上泛着阵阵笑意。作为母亲，假如看到家中的可爱女儿越来越迷恋摄影，心中会不会燃起一股冲动，要和女儿带着相机走遍世界呢？

小尼从小迷上了摄影，过14岁生日的时候，妈妈送给她一台单反相机，从此一到周末她就会跑出去到处摁快门，把自己看到的有意思的人和事用相机一一记录下来，回家以后放在电脑上，反复欣赏，一边看一边有成就感地写下自己的感受，然后经过简单的修图发在网上。

就这样坚持了很长一段时间，小尼在网上慢慢积累了越来越多的粉丝，她们觉得小尼拍的照片很有意思，有些还很有深度，能给人带来深刻的美感。纷纷鼓励小尼一定要不断进修，希望她在摄影领域有更深的造诣。

于是小尼向妈妈提出要报摄影学习班，还希望妈妈能够支持她买更好的摄影设备。看到女儿那么喜欢摄影，妈妈高兴地说：“乖宝贝，妈妈觉得摄影能让你发现生活中的很多美，这是好事啊。这是你喜欢的事儿，你又有这方面的天赋，只要不耽误学习，妈妈一定支持你。不过妈妈有一个请求，小尼能不能带上妈妈一起玩儿，要知道妈妈可是五项全能啊，既可以当小尼的模特，又可以当小尼的后勤部长。看着小尼一天天长大，妈妈就有了一个梦想，和小尼一起拿着相机走遍全世界，看这个世间最美的风景，摁下无数精彩的快门，然后把咱们的故事分享出去，到时候编辑成专辑，就叫《母女行》，你说好吗？”

听了妈妈的话，小尼非常感动，她抱着妈妈说：“你放心吧，这个愿望一定可以实现，我一定会用相机留下妈妈最美的倩影。”

就这样，小尼开始进入正规摄影培训班学习，妈妈为小尼找最好的老师，从基础到技术上给予了小尼很大的指点和帮助，慢慢地小尼不但拍摄技术大有长进，还学会了摄影的后期制作，照片效果越来越精彩了。每到周末和节假日，妈妈就会和小尼一起出游，一边游玩，一边取景，不到两年的时间，小尼就已经有了不少的经典之作，而且母女关系也越来越亲密了，用小尼的话说：“妈妈是我心中永远的大龄文艺女青年，是我的忠实粉丝，也是我的忠实玩伴，我们一定会越玩儿越好，我们的理想是，走遍全中国，拍遍全世界。”

从孩子呱呱坠地那一刻起，妈妈就开始借助手中的相机记录心爱女儿成长的每个瞬间，在快门按下的那一刻，心是喜悦的，脑海中浮现的是一个又一个与女儿相处的幸福画面，那个时候每个妈妈都是天才摄影师。而当女儿一天天长大，相机又成了女儿的心爱之物，这时候的妈妈便可以摇身一变成为她们的粉丝加玩伴，与她们一起借助相机，一起去发现身边的美好，一起去欣赏世间最秀丽的景色，一起留下美好的回忆。当瞬间摁下的快门将美好的一切定格为一幅幅精美的照片时，妈妈与女儿的心也因此联系得更加紧密。摄影真是一门绝佳的个人才艺，它让青春期的女孩儿把自己的一切都定格在了最美的风景里。

当然风景里不仅仅有她自己，聪明的妈妈会成为女儿首选的超级模特。不管未来的她们会不会成为专业摄影师，但每当她们翻开相册的时候，总会露出欣慰的微笑，妈妈的良苦用心，妈妈的暖暖亲情，不用过多语言，全在相片里，她又怎么能领会不到呢？

画出心中最美的景致

这个世界上有很多美丽的风景，但怎么也抵不过青春期女孩儿脑海中的精彩画面，或许有些妈妈常常会听到女儿说：“妈妈，你知道吗？如果我能用手中的画笔把我的想象一一描绘出来，那将是世界上最美的图画。”

现在，很多女孩儿在很小的时候就迷上了画画，她们渴望通过画笔表达自己，渴望用最美丽的色彩装点生命；她们需要用多样的笔触袒露自己的心情，需要用这种朦胧的方式让更多人产生共鸣；她们是那么的爱美，也是那么擅长描绘美，从某种意义上说，每一个青春期女孩儿都是天然的画手，年龄给予她们天真与浪漫的交融变奏。就在这个特殊的成长阶段，她们的悟性在不断地升华，她们的心中充满了对未知世界美的渴望。

所以，假如此时的她们对妈妈说：“给我一支画笔，我要用灵性朝拜心中的艺术美神。”那么作为妈妈的你，千万不要犹豫，我们一定要为女儿找到最好的学习渠道。因为我们知道艺术的力量，它不但能提高一个人的修养，还能改变一个人的情绪。假如女儿能够幸福地生活在一幅幅美丽的图画里，那么不论需要怎样的支持，我们都应该圆她们心中的那一个个彩虹般的梦。

丹丹从小就特别喜欢画画，如今正值青春期的她是班里的宣传委员，每次班里出板报就是丹丹大显身手的时候，随意的几笔，一个个漂亮的动物或花朵就活灵活现地出现在了黑板上，每到下课时，同学都要跑到后面看两眼，一边看一边说："啊！丹丹就是天才画家，真应该朝这个方向好好深造深造。"

就这样不知道什么时候，为了实现这个梦想，丹丹一有空就画，一开始不过是简单地描绘几个卡通人物，之后丹丹又迷上了素描，她把身边的同学当成自己的模特，为他们画肖像，没想到还真是画得有模有样，看着同学满意的目光，丹丹的信心更强了。为了能够更系统地学习绘画，丹丹开始寻求妈妈的支持，她对妈妈说："我知道您担心我沉迷于绘画而忽略了学习，但是我真的很想成为一名画家，我最理想的大学就是中央美院，所以我真的希望妈妈能够支持我，帮我找到一个优秀的老师，能够让我在绘画方面有更深的造诣和长进。我现在学的仅仅是一些基础绘画，而我渴望的是能够有一天倾情舒畅地描绘出我脑海中的动人画面，您不知道那有多美，我又多么想把这一切画出来与大家分享。"

妈妈被丹丹的理想感动了，她对丹丹说："听了你的理想，妈妈支持你，一定会努力帮你找到更好的老师。妈妈知道绘画不仅仅可以改变一个人的修养，还能锻炼一个人的情商和耐力。既然这是你自己做的决定，就要对这一切负起责任。但是你必须向妈妈保证，既然要学，就不要虎头蛇尾，一定要永不放弃，坚持到底，直到实现自己的理想为止。妈妈相信丹丹一定可以最终实现自己的梦想。"

就这样，妈妈帮丹丹找到了一个非常优秀的老师，让丹丹在他的画室学习绘画，起初丹丹并不是很适应，觉得老师要求太严格，自己画的画老是达不到老师的要求，自己就有点儿不高兴，但想起妈妈当初说的话，自己还是将情绪抑制了下来，更加努力地投身到练习当中。时间一长，丹丹的作品越来越能赢得老师的认可，水平不断提高，最终在中考的时候顺利地考上了中央美院附中。每当回忆起妈妈的话，丹丹总是会说："妈妈是我遇见的最有智慧的人，如今我终于可以用手中的画笔流畅地抒发自己的情感，绘画已经成为我生命的伴侣，有它的日子，每天都有好心情。"

不知道妈妈们有没有观察到这样的情景，每当青春期的女儿情绪出现低落或浮躁的时候，只要身边有纸笔，只要她们能够静下心来画一会儿画，不出半个小时，之前的负面情绪就会一扫而空。由此可见，绘画不但能够带给女孩儿艺术美感，还可以很好地帮助她们调整情绪，让她们快速从消极的状态中走出来，快速恢复到愉悦的生活状态。

对于青春期的女孩儿来说，画笔是她们生命中的另一种语言。当一幅美丽的图画在她们的细心勾勒中被一点点地呈现出来，内心的成就感是不言而喻的。所以，作为妈妈，我们千万不要忽略了女儿手中的这支画笔，不断地支持她们，不断地培养她们对于美的向往和追求，不断地给予她们支持，让她们沉醉在幸福的绘画世界，让她们能够更畅快地表达自己。即便女儿不能成为真正的画家，至少生命中多了一项可以陶冶自我的方式，只要脑海中有了美好的画面，只要自己真心地想将一切呈现出来，她们就可以随时开始，轻松做到，这对丁她们的一生而言，将是一件多么有成就感的事啊！

第十五章

入得厅堂，下得厨房

在妈妈眼中，最得体的女孩子，就是要入得厅堂，下得厨房，不管在外面还是在家里，都要具备独立自主的能力。如今很多到了青春期年龄的女孩儿，还在依赖父母。虽然身体看上去像个大孩子，可思想和行为上还是那么的不成熟。尽管她们也渴望成为淑女，渴望有朝一日能够独自走出家门看看外面的世界，但潜意识里还是觉得这一切都还太过遥远。作为母亲，我们应该及时地纠正女儿的这种思想，帮助她们掌握尽可能多的生活技能，鼓励她们朝着更自立的方向发展，这样当有一天我们不在她身边的时候，也可以放心地说："没事儿，我的女儿没问题。"

自立知性，秀出你的淑女范

青春期的女孩儿一天比一天像个大姑娘，她们开始越来越注意自己的衣着，开始越来越希望自己能够在人前亮出与众不同的淑女范。为此她们会特意要求妈妈买裙子的时候给自己买落地长裙，她们开始对镶着花边的白色衬衫情有独钟，她们开始尝试着在镜子前把自己的长发高高盘起，并在发髻的旁边装点上一朵蕾丝边的漂亮小花。她们开始有意地坐在阳台看书，努力地把自己想象成一个腹有诗书气自华的知性美少女。总而言之，在她们心中，富有淑女气质的女生是最美的，而自己一定要站在她们的行列里，这样才能彰显出自己非凡的气质和才华。

可淑女不是装装样子就可以的，作为妈妈，我们应该及时地给女儿指点，告诉她怎样才能成为一位不折不扣的淑女。

灵灵从小就渴望成为一个淑女，电影《罗马假日》中饰演安妮公主的演员奥黛丽·赫本始终是她心目中追逐的偶像。小时候就喜欢穿落地纱裙的她，到了青春期的她依然在努力地模仿着电影电视中淑女的穿着，希望自己能够不断地朝着淑女的方向努力。为此她把自己这个理想告诉了妈妈："妈妈，很多人都把自己的理想定格为科学家、医生，但我觉得女孩儿不管成为什么，首先一定要是一位淑女，那由内而外散发出来的气质，就是一个女人自性中不能缺少的美，就好像赫本，我看到她的第一眼就被她打动了，所以那时候就励志自己一定要成为像她那样美丽的人。”

妈妈听了点点头笑笑说：“听起来不错，那你觉得怎样才能成为像她那样富有知性气质的淑女呢？”

“这个我还没有仔细去想，我只知道要看很多的书，尽量让自己的言行得体，而且穿着一定要尽可能彰显出自己的修养。”灵灵说，“妈妈有什么好方法吗？”

“妈妈觉得灵灵的想法很对，但不全面，真正的淑女首先要做到知书达理，她们非常注重礼节，而且行动上也透露着优雅的美感，更重要的是她们很谦卑，虽然懂得多却不轻易地去表现，而是在与别人的交往中更注重对方的感受。她们会努力地用自己的眼光看世界，理解世界，也用自己最真挚的感情去爱世界，包容身边的任何一个人，所以她是受人尊敬爱戴的。妈妈觉得灵灵可以从这几方面出发，首先从礼仪道德上不断约束和完善自己，让自己在人生最根本的问题上取得一个较高的分数；然后再一点点地校正自己的言谈举止，丰富自己的知识，开阔自己的眼界，等到一切丰满了以后，再配上得体的衣着和妆容那就真的是淑女了。”妈妈说。

“那我怎么才能从礼仪道德上修正自己呢？”灵灵问。

“这个问题嘛！不如这样，妈妈为灵灵挑选一些完善自我言行的礼仪书，比如《弟子规》《千字文》《论语》《颜氏家训》《曾国藩家书》等，里面都是教人们如何言行举止的内容和如何做人的道理。假如灵灵能把这些内容悟透了，再配上一些现代礼仪的指导，你一定会有很多改变，在这方面的修养上就会有很大的提高了。”妈妈说。

“是吗？那太好了，您给我介绍的这几本书都不错，以前就听说过，就是还没来得及读。您放心，我一定会抓紧看的，知书才能达理，我一定要成为一个知书达理、内外兼修的淑女。”

“好，为了我的女儿能成为淑女，妈妈也要努力学习，我们一同努力进步，到时候不但灵灵成了小淑女，妈妈也成了老淑女，哈哈！”妈妈笑道。

“哎呀，妈妈在灵灵心中永远年轻漂亮，哪里会老啊！”

青春期的女孩儿，一百个里有九十九个心里都有一个淑女梦。在她们的意境里，自己永远是那个富有公主气质的小淑女，但想真正成为淑女可不是装装样子那么简单，作为妈妈，我们一定要告诉女儿，淑女是需要长时间的自我修炼才能成就的，为了这一天女孩儿还有很多的功课要做，也必然会经历一番不间断自我雕琢的过程。这个时候的妈妈，就可以摇身一变，成为女儿的淑女养成总教练，不断地帮助她做出自我调整，掌握内外兼修的成功秘籍，让她在学习践行中不断丰富自己、完善自己。我们不但可以和女儿一起阅读，还可以和她一起在实际践行中成长。当女儿一点点变得完美时，妈妈也就不知不觉中成为一个美丽知性的淑女妈妈了。

相信我吧，学会理财不吃亏

如今青春期的女孩儿多是爸爸妈妈眼中的娇宝贝，平时除了学习，基本上什么也不用她操心，但凡是自己想要的，只要有必要，爸爸妈妈一定会满足她的要求，所以在管钱这件事上，很多姑娘的经验几乎为零。很多女孩儿就坦言，每到缺钱的时候，就会想当然地跑去找妈妈要，每次给的数额也不多，但也绝对够自己的基本开销，所以一说到管钱理财，好像一切都离自己很遥远。但女儿迟早要长大，管理不好自己手里的钱未来一定是要吃亏的，爸爸妈妈再强大，也不可能一辈子做她们的财务部部长。所以提前教会她们理财，把家中青涩萌动的女儿蜕变成一个会理财的小财女，也是摆在妈妈面前的一件重要的事情。

林林从小到大都没有在钱的事情上操过心，自己想买什么就跟爸爸妈妈说，买了她兴高采烈，不买她也不哭不闹，内心宁静，在她看来如何花钱从来都不是自己的事儿，买与不买父母一定有自己的道理，自己作为一个小孩子说出自己的想法就好了，剩下的事情就都不用自己操心。

转眼林林到了青春期的年纪，妈妈发现尽管林林长得越来越高，但在理财方面却仍然是一个小孩子的水平，花钱从来不动脑子，也从来不知道给自己攒钱，假如再这样发展下去，对她未来的成长是非常不利的。于是妈妈决定要好好教教林林如何管钱理财。

这天妈妈把林林叫到身边说："你现在长大了，妈妈决定锻炼锻炼你的管钱理财能力。以后妈妈每个月给你500块钱的生活费，里面包含你在学校的午餐费，你个人的文具费，还有其他的零花钱。这些钱由你自己支配，省下来的归你自己，不够了也不可以再向妈妈要。妈妈今天带你去办一张银行卡，如果你有闲钱可以存在银行卡里，以供不时之需。当然了，如果你能帮妈妈做家务，表现得好，妈妈会给你一定的奖励，这些钱也是你自己的。此外，妈妈和爸爸商量了，咱们家会定期举行财务家庭会议，到时候会公布咱们家目前的财务情况，比如，家里的整体收支情况，支出的每一笔钱的去向等。你现在也大了，也要参加讨论。除了汇报这一周收支情况外，还要针对一些最新的理财咨询做一些客观的分析。除此之外，妈妈会介绍给你一些理财的书籍阅读，一边看一边要记下自己的感想，一个星期写一篇理财日记，要学习一些理财知识，好好规划一下自己的财路人生，这些都对你的未来很有帮助。你知道吗？未来生活能不能过好，一半在于你赚多少钱，而另一半在于你能管好自己手中的钱。妈妈现在就要训练你，这样等你长大了以后才能过得更舒心、更幸福。所以林林，一定要成为理财高手哦。"

听妈妈说了这么多，林林一下子懵了，她一脸不自然地说："妈妈，是说每个月有500块钱都归我管了吗？"

"对，都归你管，你想怎么处理就怎么处理。"妈妈一脸轻松地摊开手说，"后面的事情就看你的喽。"

就这样林林开始自己管钱了，第一个月，还不到20天自己的兜里就只剩下不到100块钱，知道已经跟妈妈定了君子协定，所以一边"忍饥挨饿"一边告诫自己下个月一定要长记性。经过几个月的调整，林林不但再没有出现之前的情况，而且每个月都能省出200块钱存到银行卡里。同时，妈妈交给林林的作业，林林也做得更认真了，她不但仔细分析理财咨询，而且阅读了所有妈妈给她介绍的理财书籍，在每个月的家庭财务大会上，话也越来越多了。有一次林林和妈妈闲聊的时候说自己已经可以粗略地做出自己至少10年内的理财计划，如果能够按计划落实的话，至少能有近50万元的存款。妈妈听了很兴奋，一边鼓掌，一边对林林说："林林一定要加油努力哦！"

青春期的女孩儿之所以不会理财，是因为她们总觉得管钱这事不用自己管，自己只有好好学习，剩下的一切爸爸妈妈都会包办。这时候，作为母亲，就必须扭转女儿的这种错误观念，引导她积极地投入到自我财务管理的事务中，我们不但要告诉她这一年在她身上至少要产生的花销，还要让她学会灵活地用好手里的每一分钱，与其事事都为她操心，不如教会她担负起自己财务管理的那份使命，教她如何支配好自己的零用钱，引导她学习财务管理知识。如果这个时候妈妈能够再教会女儿建立自己的财务小账本，将收支、结余一点点总结下来，那就再好不过了。这样不但能让女儿把握好自己的财务情况，还能培养她们良好的个人理财习惯，可以帮助她们在随后的人生中更好地经营和规划自己。

所以，聪明的妈妈们一定要快点行动起来，将家中的青春期女孩儿打造成一流的理财高手，当她们真正成长为特级财女的时候，就会知道，原来管钱这件事儿对于一个女孩儿而言是多么的重要。

学会几道拿手好菜

在中国，很多父母眼中的标致女孩儿就是要上得厅堂、下得厨房，越是漂亮的女孩儿，越是要有自己的几道拿手好菜，这样朋友到家来的时候，也能露上一手，不管是自己还是爸爸妈妈，那都是很有面子的一件事。女孩儿到了一定的年龄，就开始逐渐对美食有了更高的追求，她们渴望能够吃到这个世界上最好吃的饭菜。凡是到外面吃饭，都不忘拿手机拍个照片，然后在微信上分享吃这道菜的感觉。所以这时的妈妈，不妨适时地引导她们自己动手学做菜，所谓别人做得再好不如自己会，如果自己掌握了做饭的技艺，想吃什么就做什么，还愁亏了自己这张追求美味的馋嘴吗？

卡卡是个馋嘴的姑娘，由于妈妈做饭技艺高超，卡卡从小到大的一日三餐都在享用美食。到了中学开始住校，卡卡一下子觉得学校里的饭难吃得让人难以下咽，于是回来就跟妈妈抱怨，说自己在学校里吃饭是件多么煎熬的事。妈妈听了以后，很认真地对卡卡说："卡卡，你不要先急着抱怨学校的饭难吃，我想，假如这时候让你下厨，做出来的饭估计比学校的饭还要难吃。"

"为什么这么说我啊，妈妈？"卡卡说道。

"因为你从来都没有下过厨房啊！"妈妈说道，"你一次饭都没做过，就连调味瓶放哪儿都不知道，所以结果就可想而知了。假如有一天爸爸妈妈都不在家，卡卡要自己做饭的话，估计连自己都吃不下去吧？”

“哎呀！妈妈，那怎么办？”卡卡撒娇道。

“自己学着做啊，要妈妈说，每个女孩儿本来就应该学会几道拿手好菜，这样不管在什么地方，有人没人都不会亏了自己的嘴，而且家里有客人的时候，自己也能露几手，别人一边吃一边称赞，你心里肯定美到没边儿了。再说，卡卡不是说未来的理想是出国吗？还说要做个美食家，尝遍全世界的美食。可美食家不能只会吃啊！你知道吗？在妈妈看来，真正的美食家在家里都是技艺精湛的厨神，更重要的一点是，自己做出来的东西才更符合自己的胃口，一般人的那点技术，早就入不了他们的眼啦。”

“哇！原来是这样啊！那妈妈，你先教我怎么做饭吧，你说我适合练就哪几样拿手菜？”卡卡迫不及待地说。

“好啊！饭想做得好吃也是一门学问，放多少油、菜什么时候下锅、放什么样的佐料都是有讲究的，下次妈妈做饭的时候你先在旁边看，我边做边教你，看几次后你来掌勺，妈妈在一边指导。”

“好嘞！卡卡我要当厨神了。”

之后妈妈开始手把手地教卡卡烹饪技术，不到半年的时间，卡卡就熟练地掌握了几道家常菜的做法。她一边和妈妈学习做饭，一边借着寒暑假报了烘焙班和日料班，经过一段时间的学习后，厨艺大有进展，已经可以成功地烘焙出可口的甜甜圈了。

一次卡卡把自己亲手做的提拉米苏带给班上的同学吃，大家一边吃一边夸赞味道跟蛋糕房的不相上下，这时富有成就感的卡卡一边笑一边想：“妈妈说得没错，与人分享自制美味的感觉比吃了蜂蜜还甜。”

如今的青春期小姑娘拒绝什么也不会拒绝美食的诱惑，遇见好吃的东西，不但嘴上欲罢不能，即便过了好几天一提起来还是念念不忘。可一提到厨艺，一问到这些美味是怎么做出来的，这些可爱的女孩儿就一个个羞红了脸，一边摇头一边说自己就是喜欢吃不知道怎么做。

其实，女孩儿对美食天生就是敏感的，假如这个时候妈妈可以耐心引导，告诉她们不亏嘴的最好方法就是自己动手，而且下厨房也是一件非常有意思的事情，相信大多数女孩儿一定会踊跃尝试，并不断地从中体会到收获的喜悦成果。妈妈应该让女儿明白，做饭并不枯燥，它是生活中的一门乐趣，每个女孩儿都应该有自己几道拿手好菜，这样的美味会陪伴自己的一生，幸福了自己的同时还可以带给身边的人更多欢乐。

最靠谱的是你自己

很多妈妈觉得女孩儿是柔弱的，天生需要爸爸妈妈的保护，所以从小到大百般地呵护，生怕女儿受到一点伤害；然而女儿渐渐长大，已经出落为一个青春期的少女，还是万事依赖父母，不管什么事情都不愿意自己动脑子，总是一味地跑到妈妈身边娇滴滴地问："妈妈，这是怎么回事？""妈妈，那样的事情该怎么办？"时间长了，很多妈妈就发现，明明一件很简单的事情，只要女儿略加思考就能搞定，可她偏偏就是不愿意动脑子，想当然地把这一切推给爸爸妈妈。试想一下，假如有一天爸爸妈妈不在身边遇到了这样的事情，不会为自己拿主意的她又该怎么办呢？

所以，女儿到了青春期的特殊阶段，聪明的妈妈都会一点点地放手让女儿为自己做决定，锻炼她们的自我独立能力，告诉女儿总有一天她会长大，会独当一面，而这个世界上能一直依靠的人不是爸爸妈妈，而是她自己。

洛溪从小都在爸爸妈妈的宠爱中长大，从来都没有为自己的事情发过愁，很多事情自己都没想到，爸爸妈妈就已经想到了；很多话自己只说了一步，爸爸妈妈就已经落实了十步。所以在她的潜意识里，爸爸妈妈永远都是最高明最正确的，自己不需要思考太多，按照他们的想法去做就一定可以达到目的。所以到了青春期的洛溪，除了注重努力学习做个乖女儿以外什么都不想，出了问题就理所当然地问妈妈怎么办。

一次，洛溪和同学出去玩儿，在地铁里不知道从哪个口出，本来是问问路人就可以解决的事儿，可洛溪非得打电话问过妈妈才放心。这让妈妈意识到，女儿现在的自主能力还处于幼儿园阶段，假如一直这么下去，对她的成长是非常不利的。于是妈妈决定和洛溪好好谈谈这件事，要好好锻炼一下她的独立自主能力。

这天洛溪又因为学校马上要组织文艺演出的事情吵着问妈妈："妈妈，妈妈，学校这次文艺演出，老师说让我当主持人，你说我穿什么衣服好啊？还有头发该怎么弄？而且今天老师说女主持人有两个，其中一个要在中间与一位外国友人用英文交流，问我行不行，您说我要不要争取啊？"

听了洛溪话，妈妈故意装作若无其事的样子说："你已经 16 岁了，这点小事还要妈妈帮你解决吗？自己拿主意就好了。"

"妈妈，你怎么突然变成这样了？我都接受不了你了。你帮我拿拿主意啊！"洛溪一边抱怨，一边撒娇地说。

"洛溪，你现在已经长大了，要学着自己去解决问题，不能总是依赖爸妈，你不是说以后还要独自出国旅行吗，到时候遇到问题你自己不解决又能去问谁呢？人都是在遇到问题的时候，一边想办法解决问题，一边一点点学会成长的。这次妈妈不插手，就是要让你勇敢地迈出这第一步，这一步迈出了，你就敢于自己解决问题了。以后遇到什么事情首先求助的是自己，这样，你才能逐渐具备独当一面的能力，才能真正地走向成熟。妈妈以后老了，很多事情可能还得靠洛溪呢，假如这个时候你也不知道该怎么办，那妈妈该有多无助啊！"

听了妈妈的话，洛溪嘟囔着嘴不情愿地回到房间，经过两个小时的自我编排设计，她穿着自己设计的一身杰作走出房间说："妈妈，看我的设计怎么样？"

妈妈抬头一看，满意地说："洛溪把自己打扮得真漂亮，很得体。这不是自己也能搞定吗？以后就这样做，洛溪会越来越能干的。"

听了妈妈的话，洛溪兴奋无比，她自信地对妈妈说："我决定跟老师说，我来主持那段带英文的部分，最近我要狠补英语，希望到时候能有不凡的表现。您放心吧，我以后一定努力做一个独立的女孩儿，能不麻烦您就不麻烦了，我要自己给自己拿主意，因为您说得没错，这个世界上最靠得住的人就是我自己。"

妈妈不放手，女儿是怎么也长不大的。作为一个青春期的女孩儿，如果她们总拿父母当作自己的依靠，就永远都意识不到原来自己身上还有这么一双独立自主的智慧翅膀。作为一个聪明的妈妈，该放手时就放手，让她们自己去解决自己的问题，起初的时候她们可能也会略带不安，甚至有些不解和抱怨，但时间长了，她们一定会理解妈妈的苦心，而且越是磨炼越是聪慧，越是思考越是会迸发灵感。人生不怕遇到问题，怕的是遇到问题以后忘记了最能解决问题的人是自己。每个女孩儿都应该成为自己人生的主人，而做到这一点的第一步，就是从不再依赖父母开始。

做有责任有担当的女孩儿

如今很多青春期的女孩儿都有一个通病，那就是做事缺乏责任心。主要原因是自己从小到大都在父母的庇佑下，一遇到自己不爱干的事情就顺理成章地推给父母，觉得即便是有什么责任也不应该由自己这个小孩子来承担，自己的任务就是好好上学、好好吃饭，把学上好、把饭吃好，把身体锻炼好，只要自己能做到这几件事爸爸妈妈就会很开心，而自己也就顺理成章地是他们心中的好孩子。

可作为母亲的我们知道，女儿迟早会长大，迟早要独立地去面对很多问题，独自去处理很多事情，假如那个时候的她们仍然缺乏责任心，不但会影响了自己的发展，还很可能会因此给别人带来损失。有句话说得很现实：“社会不是你爸妈，绝对不会惯着你。”女孩儿早晚有一天会踏入社会，责任心是她们为人处世必须具备的个人品质。假如这方面出了问题，必然会招致别人的疏远，大家会觉得和这样的人一起共事是很不靠谱的。所以，聪明的妈妈会在女儿青春期的特殊阶段，着重培养她的责任心，让她从一开始就知道，自己对手头要做的每一件事都是有责任的，只有把每一件事尽职尽责地做好，才能赢得身边人的认同和信任。

佳慧今年16岁了，老师的反馈意见是，这个姑娘学习很努力，也很聪明，就是做事情缺乏责任心。例如老师让她出板报，为了不耽误自己的事儿，她总是敷衍了事，结果板报上不是这儿出错就是那出错。有一次学校领导视察评比，一眼就发现了板报上的三个错别字，连画在标题下的横线都画得一高一低的，当场就判定画板报的人一定缺乏责任心。起初妈妈并没有在意，觉得不过是小女孩儿一时贪玩，但随后在家里发生的一件事，却一下子让妈妈意识到问题的严重性，绝不能放任不管。

事情是这样的，一次妈妈让佳慧帮忙打扫卫生间，令人意想不到的是，不到一个小时，佳慧就说自己完工了，可妈妈检查的时候却发现很多地方根本没打扫，就连马桶盖上的灰都没擦。当然妈妈要让佳慧重新打扫，谁知她极不耐烦地说："哎呀，差不多就行了嘛，要觉得不干净您就再处理一下，我这里还有别的事情在做呢。"

听了女儿的话，妈妈很严肃地说："佳慧，卫生间没打扫好不要紧，妈妈可以帮你收拾；但是总有一天你会长大，到那时你面对工作，你也是这样一副差不多的样子，可没有人替你收拾。你会失去领导和同事的信任，严重时还会因此丢了工作。责任心对一个人来说是最重要的，假如你不从现在就注意这一点，未来一定会吃大亏的。"

"哎呀！知道了，我下次注意还不行，妈妈！别为这点小事跟我计较了。"佳慧撒娇地说。

"不行，这次妈妈一定要你好好记住，一件事情不管是大还是小，落到自己身上就要尽心尽力地把它做好，这样才能赢得别人的尊重和信任。你不是一直喜欢明星偶像吗？妈妈就特别赞成刘晓庆说的那句话：'哪怕让我做摘棉花的，我也一定是摘得最多的那个。'这是一种怎样的自我严格要求啊。妈妈希望佳慧以后不管做什么事情都能有这种责任意识，因为这不但是对别人负责，也是对自己负责。一个能够尽职尽责的人，别人才能委以重任。你总不希望以后的自己，总是去坐那个不被人信任的冷板凳吧！”

“可这不过是打扫个卫生间，没必要这么小题大做吧？”佳慧嘟囔着小嘴说。

“勿以善小而不为！你知道人家日本小姑娘，马桶打扫干净到自己可以从马桶里取水喝，人家的这份自信，换成你佳慧能有吗？做事做人就得让自己有这份自信，到我手里的工作就绝对不会出现问题，而这份自信的源头就在于你对事情的那份责任心，只要你完善了自己的这颗心，不论是遇到什么样的事情都可以把它处理得妥妥当当。妈妈不希望你在责任心这件事上吃亏，影响到你的未来啊！”

听了妈妈的话，佳慧沉默了片刻，她又回到卫生间认真地打扫起来，从那以后，做事情也用心专注了。

很多青春期的女孩儿在做事情的时候都有不专心的毛病，很多妈妈觉得女儿是在专注力上出现了问题，但事实上问题的核心是缺乏责任心。很多女孩儿总觉得事不关己，只要大概面儿上过得去就可以了，所以做事明显地不上心。时间一长，这种意识就成了一种习惯，导致她们做什么事情都采取敷衍了事的态度，这是绝对不行的。

作为妈妈，假如青春期的女儿出现了这样的问题，一定要引起高度重视，及时地对其加以纠正，告诉她如果长期用这样的态度做事会对她未来的发展造成非常不利的影响，帮助女儿重新树立责任意识，培养她们尽职尽责的行为，认认真真做好每一件事。要让她们明白，只有做一个有责任心、能担当的人才会受到社会和人们的青睐。相信过不了多久，她们会改变自己的做事态度，做起事情来会更认真、更细致、更负责任，对别人交代的工作也不会随便地敷衍了事了。